| 供应链之道 |

**Supply Chain Going Global**
A Practical Guide from Strategy to Execution

# 供应链出海
## 从战略到执行实战指南

宫迅伟 宫子添 著

机械工业出版社
CHINA MACHINE PRESS

本书是一本为出海企业量身打造的供应链管理指南。它深入探讨了在全球化背景下，企业如何通过优化供应链管理来实现海外扩张。书中提出了 4P+C 模型、OPPT 模型和 SCM321 模型等核心模型，为出海企业在供应链布局、战略落地和执行方面提供有力的指导。同时，本书根据当前出海企业面临的各种问题，列举了大量国内外企业成功与失败的案例，既有中国企业在国外布局的实践，也有外国企业在中国落地的经验，为企业出海提供了直观的参考，并提供了一整套系统的解决方案。本书适合各种类型企业的中高级管理人员和从事供应链管理相关工作的读者阅读。

**图书在版编目（CIP）数据**

供应链出海：从战略到执行实战指南 / 宫迅伟等著.
北京：机械工业出版社，2025.5. -- （供应链之道）.
ISBN 978-7-111-78133-2

Ⅰ. F252.1

中国国家版本馆 CIP 数据核字第 2025ZT4449 号

机械工业出版社（北京市百万庄大街 22 号　邮政编码 100037）
策划编辑：张竞余　　　　　　　责任编辑：张竞余　高珊珊
责任校对：孙明慧　杨　霞　景　飞　责任印制：张　博
北京机工印刷厂有限公司印刷
2025 年 5 月第 1 版第 1 次印刷
170mm×240mm・18.25 印张・1 插页・216 千字
标准书号：ISBN 978-7-111-78133-2
定价：79.00 元

电话服务　　　　　　　　　　　网络服务
客服电话：010-88361066　　　机　工　官　网：www.cmpbook.com
　　　　　010-88379833　　　机　工　官　博：weibo.com/cmp1952
　　　　　010-68326294　　　金　书　网：www.golden-book.com
封底无防伪标均为盗版　　　　　机工教育服务网：www.cmpedu.com

FOREWORD
## 推荐序一

在全球化浪潮汹涌澎湃的当下,企业的供应链已成为纵横国际市场的关键力量。得知深耕供应链领域多年的宫迅伟老师精心创作《供应链出海:从战略到执行实战指南》一书,我深感钦佩,也很荣幸能为其作序。

上汽集团作为中国汽车产业的领军企业,在供应链出海的征程中,积累了极为丰富的实战经验,也经历了诸多挑战与磨砺。我们的足迹遍布全球100多个国家和地区,从欧洲的老牌汽车强国,到亚洲新兴的汽车市场,再到南美洲、大洋洲等区域,都有上汽供应链体系的坚实支撑。就拿我们旗下的延锋公司来说,它在全球20多个国家设立了240多个基地,为当地汽车制造产业提供了全方位的零部件供应及服务。

在这个过程中,我们深切体会到,供应链出海绝不是简单的生产与销售环节的外扩,而是一场涉及战略规划、资源整合、文化融合、风险管控等多维度的复杂战役。海外市场的政策法规、消费习惯、产业环境千差万别,如何精准定位,搭建适配当地需求的供应链体系,是每一家有志出海的企业面临的首要课题。

我们在欧洲市场,既要满足当地严苛的环保、安全标准,还要应对瞬息万变的市场需求,为此不断优化供应链布局,提升本地化生产与研发能力;在新兴市场,虽然机遇众多,但基础设施建设、物流效率等问题也给供应链带来了极大考验，我们通过与当地合作伙伴紧密协作，探索出因地制宜的解决方案。这些经历都印证了供应链出海需要企业具备强大的适应能力、创新能力与坚韧不拔的毅力。

翻开这本书，扑面而来的是满满的干货与深度洞察。作者凭借深厚的行业积累与敏锐的观察力，系统阐述了供应链出海的战略要点、战术技巧以及风险规避等关键内容。书中既有宏观层面的战略规划剖析，指导企业如何依据自身优势与市场趋势，制定切实可行的出海路径，又有微观层面的实操指南，从供应商管理、物流优化到跨文化团队建设，都给出了详尽且具有可操作性的建议。

对于那些已经踏上或即将踏上供应链出海征程的企业而言，这本书无疑是一本不可多得的"导航手册"。它能帮助企业少走弯路，更高效地整合全球资源，构建具有竞争力的国际供应链体系。同时，书中分享的诸多案例与经验，也能让企业在面对复杂多变的海外市场时，做到心中有数、应对有方。

衷心希望《供应链出海》能够成为广大企业进军国际市场的得力助手，助力更多中国企业在全球供应链舞台上大放异彩，推动中国供应链产业迈向更高的台阶，实现更大的跨越。

贾健旭

上汽集团总裁

FOREWORD
## 推荐序二

在全球经济深度融合的当下,供应链的国际化布局已成为企业发展的关键战略。当我收到宫迅伟先生《供应链出海:从战略到执行实战指南》的书稿时,便被其中蕴含的深度洞察与实践价值所吸引,这是一本从战略到执行的实战指南。

我在跨国公司工作多年,深刻体会到在不同市场环境下构建和优化供应链的复杂性与挑战性。在采埃孚布局进入中国市场的漫长进程中,供应链建设的每一步都充满挑战。

初入中国,复杂的政策环境与显著的区域差异便给我们的生产基地选址和供应链网络规划带来巨大挑战。为攻克这一难题,我们组建专业政策研究团队,深入各地调研,积极与政府部门沟通,确保生产布局既能契合长期战略,又能充分享受政策红利。

在供应商管理方面,本土供应商与我们在质量管控、交付流程上的差异一度影响协同效率。为此,我们投入大量资源,为供应商开展全方位培训与辅导,分享先进管理理念和技术,助力他们建立起符合国际标准的质量管控体系,有效提升了产品质量,也让合作更加稳定。

物流配送同样是块难啃的硬骨头。面对中国广袤的地域和不均衡的交通、物流发展水平,我们整合陆运、水运、空运,搭建起高效的立体物流网络，积极引入大数据和人工智能技术优化物流路线、精准调配库存，显著降低成本，提高交付时效。

在推动国产化方面，采埃孚也做出了诸多努力。我们深刻认识到，深度融入本土供应链是企业长期发展的关键。为此，我们积极与中国国内优质供应商展开合作，从原材料采购到零部件生产，逐步提高国产化比例。同时，我们还加大在中国的研发投入，设立研发中心，与国内高校、科研机构开展产学研合作，培养本土研发人才，推动技术国产化创新。通过这些举措，不仅降低了生产成本，提高了供应链的韧性和灵活性，还为中国汽车产业的发展贡献了力量。

这些在中国市场摸爬滚打积累的经验，让我深刻意识到供应链管理在不同市场环境中的多样性与复杂性，也正是基于此，我更能体会到《供应链出海》的珍贵之处。书中对本地化团队建设的强调，与我们在供应商管理中开展培训辅导、培养本土人才的理念不谋而合；而关于供应链战略规划的内容，也能让出海企业更好地应对我们曾经面临的政策差异、物流难题等挑战。

如今，中国企业出海浪潮正盛，我们的经验和教训都值得借鉴。出海企业务必要深入研究目标市场，做好充分的调研和战略规划。在供应链执行层面，重视本地化团队建设，尊重当地文化，加强与本土供应商、合作伙伴的沟通协作，逐步构建适应海外市场的供应链体系。

《供应链出海》这本书，系统且全面地阐述了供应链出海从战略构思到落地执行的全流程，通过丰富的案例和专业的分析，为企业提供了极具实操性的解决方案。无论是初涉海外市场的"新手"，还是寻求突破的行业"老将"，都能从中汲取宝贵的智慧与力量。

衷心祝愿这本书成为中国企业出海的得力助手，助力更多企业在全球供应链竞争中脱颖而出、铸就辉煌！

汪润怡

德国采埃孚集团执行副总裁、中国区总裁、亚太区运营总裁

FOREWORD
## 推荐序三

在全球产业链重构与中国企业国际化进程加速的浪潮中,供应链出海已成为中国企业迈向高质量发展的关键路径。万华化学作为一家全球化运营的企业,已在十几个国家设立子公司和办事处,近年出海业务占比一直超过45%,对供应链出海的机遇与挑战有着深刻洞察。得知《供应链出海:从战略到执行实战指南》即将付梓,我深感欣喜,这本书系统梳理了中国企业全球化进程中面临的合规、沟通、效率与本地化四大核心挑战,并给出了切实可行的解决办法,堪称中国企业出海的实战指南。在此,我谨代表万华化学,结合自身经验,为本书作序。

### 合规先行,筑牢全球运营根基

合规是供应链出海无法绕开的关键门槛。如欧盟碳关税等,各国政策法规复杂且差异大,这要求企业建立起一套系统完善的合规管理体系。万华化学通过《供应商行为准则》及《产品碳足迹核算制度》,将 ESG 理念深度融入供应链全生命周期管理。要求全球合作伙伴在劳工权益、环境保护、商业道德等方面对标国际标准,比如针对原材料来源合规性,建立严格的产品合规性调查机制,确保供应链安全稳定。这与本书中强调合规重要性的主张不谋而合,只有严守合规底线,企业出海之路才能行稳致远。

## 沟通协同,跨越文化差异之桥

供应链出海的核心是跨文化协作。万华化学在欧洲、中东等地的发展历程表明,尊重本土文化、建立信任机制是成功的关键。2011年,万华收购匈牙利宝思德公司,通过技术输入、管理优化与文化融合,使其年营收增长447%,成功跻身中东欧百强企业。在此过程中,我们总结出"三共原则"——共识、共担、共享,通过定期高管互访、本地化团队建设、员工股权激励等方式,构建利益共同体。这与本书中注重跨文化沟通、协同合作的思路一致,只有打破文化隔阂,才能实现高效协作。

## 效率制胜,驱动数字化绿色变革

全球供应链的效率竞争已从单纯的成本比拼,转向"敏捷响应 + 可持续发展"。万华化学搭建采购数字化平台,实现供应商引入、寻源、物流全流程可视化,同时构建风险预警系统,实时监控全球供应链波动。在绿色发展方面,以"零碳电力""循环经济"为抓手,与合作伙伴共建绿色生态圈。这与本书倡导的提升供应链效率与可持续发展理念相符,只有紧跟时代趋势,才能在全球竞争中占据优势。

## 本地深耕,实现深度融合发展

真正的全球化不是简单的产能转移,而是深度融入当地产业链。万华化学在匈牙利、捷克等地的生产基地,本地员工雇用占比超过90%,通过技术培训与社区共建,成为当地经济的重要支柱。此外,根据区域市场需求差异,定制产品与服务,如针对欧洲市场对低碳材料的迫切需求,通过CCUS技术开发低碳聚氨酯解决方案,助力客户应对欧盟碳关税挑战。这与本书强调的本地化发展理念契合,只有扎根当地,才能实现长期稳定发展。

## 结语：行而不辍，未来可期

供应链出海是一个需要长期坚持的征程，既要有坚定的战略定力，也要有灵活的战术调整。万华化学从技术引进到自主创新，从产品出口到全球运营，每一步都践行着长期主义。《供应链出海》凭借扎实的案例与深入的分析，为中国企业绘制了从战略到执行的全景蓝图。期待这本书成为更多出海企业的得力助手，助力中国供应链在全球舞台绽放光彩！

寇光武

万华化学集团股份有限公司总裁

## PREFACE
# 序　言

当下，企业出海浪潮汹涌。有的企业已经出海，更多的则是跃跃欲试。2024 年，各种场合都在谈论"出海"，不少公司定下海外业务目标，有人称 2024 年为中国企业出海元年。

据 Wind 数据，截至 2024 年底，中国 A 股 5383 家上市公司中，超过 50% 选择了布局海外市场。"不出海，就出局"似乎成为共识。众多中国企业，无论主动还是被动，都纷纷踏上了略显仓促的出海征程。

"不出海，就出局"，这一说法绝非危言耸听。或许有人会质疑，中国市场如此广阔，为何一定要出海呢？在我看来，尽管当前世界贸易保护主义有所抬头，但中国对外开放的程度仍在持续加深，国内外市场也在不断深度交融。

国家发展改革委、商务部 2024 年发布的《外商投资准入特别管理措施（负面清单）》取消了制造业领域外资准入限制，实现了内外资同等待遇。这意味着，不管是我们的客户、供应商，还是街边的小店，都有可能成为全球化运营的企业。所以，即便中国企业不出海，也难以避免与具备全球运营能力的企业竞争。在这样的形势下，提升全球化竞争能力对中国企业而言已成为必然选择。就像欧洲许多小国家，由于本土市场有限，企业从诞生之初就投身全球竞争，反而催生了众多大型跨国公司。在当下的大环境中，中国企业若想在国内外市场站稳脚跟，就必须在思想、规则以及能力上积极出海，融入全球竞争，尤其在认知和能力上必须"出海"，即使本土经营，也要具备全球视野。

中国企业出海主要有以下四大目的。

**拓展市场**：国内市场逐渐饱和，海外市场为企业提供了新的增长空间。

**获取资源**：通过全球化布局，企业能够获取优质原材料、低成本劳动力以及先进技术。

**分散风险**：避免过度依赖单一市场，增强企业抵御风险的能力。

**塑造品牌**：打造全球性品牌，提升产品附加值和竞争力。

出海并非仅仅是产品出口，还涉及品牌、工厂、供应链等多维度的拓展，其核心在于人的认知与能力的出海。出海，不是简单的场地转移，而是成本结构的改变。出海能够倒逼企业优化组织、提升效率、调整模式、摆脱低端，助力我国从制造大国迈向真正的制造强国。中国企业出海尽管经验尚显不足，但这也是价值链的延伸、供应链能力的提升，更是制造业的新生。

无论企业以何种方式出海，供应链始终是关键支撑，然而出海之路也困难重重。

中国企业出海将面临以下四大挑战。

**合规挑战**：进入不同国家，贸易、税收、环保、劳工等法规存在差异，可能带来法律风险。

**沟通挑战**：与不同文化背景的人打交道，文化、语言和商业习惯的差异会影响协同效率。

**效率挑战**：供应链环节增多，流程拉长，成本上升，风险加剧，进而导致运营效率降低。

**本地化挑战**：出海企业的竞争，本质上是本地化能力的竞争，需要推动产品、供应商、员工、网络及品牌的本地化。

作为采购与供应链领域的观察者、研究者和实践者，我深知这些挑战的复杂性。我个人在企业出海领域拥有丰富的实战经验，曾担任中国一汽驻莫斯科首席代表，并曾在欧美日韩等地的跨国公司担任采购总监、全球采购经理、供应链总监和总经理等职务。我亲身经历了跨国公司全球化布局与供应链构建的全过程，既见证了高效供应链的成功搭建，也目睹了因忽视本土化而导致的失败案例。这些经验不仅丰富了我的专业认知，也让我深刻认识到中国企业出海亟须系统性指导。

## 创作本书的三大动力

**企业需求**：在培训与咨询过程中，许多出海企业提出了实际问题，比如寻找本地供应商困难、成本高昂、存在文化冲突等。这些问题暴露出企业出海供应链管理方面的知识与实践存在空白。

**社会需求**：出海已成为热门话题，政府、企业和学术界都在探索中国企业全球化的路径。中国企业在全球布局中面临着法律、贸易规则等挑战，稍有不慎就可能陷入合规陷阱。

**未来需求**：中国企业出海，外企推行"中国+1"和"Local for local"（本地资源用于本地）策略，供应链重构已是大势所趋。美国作为全球最大的消费市场，中国作为全球最大的制造基地，制造业向何处转移，谁是最大的连接器、中转站，供应链将以怎样的形式重构，这些宏大议题亟待深入探讨。

## 本书的核心内容

本书基于对100多家企业的访谈和3000多人次的调研，紧扣企业出海的四大挑战，提供从战略到执行的实战指南，通过三大自创模型展开阐述。

**4P+C 模型**：用于供应链顶层设计，涵盖产品、流程、伙伴、渠道/设施和客户，以客户需求为导向，构建紧密协同的供应链。

**OPPT 模型**：从组织（Organization）、流程（Process）、人员（People）、技术（Technology）四个维度，支撑供应链战略落地。

**SCM321 模型**：聚焦"三个流、两条主线，一个突破口"，即聚焦物流、信息流、资金流这三个供应链管理对象，抓住"组织之间高效协同和供需之间精准对接"这两条工作主线，以及交付这个突破口。该模型能帮助读者用"321"一句话理解供应链，从大处着眼构建全景图，从小处着手落地实操。

## 本书的体例设计

供应链管理博大精深，相关理论著作众多且系统全面，我本人也曾撰写《供应链 2035：智能时代供应链管理》和《供应链战略顶层设计：一句话解构供应链》两本书。因此，在本书中，我转变写作思路，不再追求全面、系统，而是紧扣企业出海面临的四大挑战，通过理论框架给出解决问题的思考方向，以"开篇案例"（从实践中萃取的虚拟案例）、"案例研究"（真实企业实践）、"经验分享"（实战总结）、"实战指南"（参考建议）四种形式，为读者提供一套从战略到执行的实战指南。

书中的"四大挑战"明确了问题方向，三大模型则提供了切实可行的实战解法。本书共 9 章，并配有附录，从组织搭建、人才配置，呼应 OPPT 中的 O（组织）和 P（人员）；到需求洞察、产品重构等，契合 4P + C 模型及"以客户需求为导向"的理念；再到风险防控、数字化转型，关联 OPPT 中的 P（流程）和 T（技术）；最后到实践探索，融合三大模型的核心。旨在助力企业在出海征程中少犯错误、少走弯路，稳健前行。

本书面向企业高管、供应链从业者及学术界，让我们共同探讨出海供应链管理这一热门话题。书中会列举大量的案例，既有成功经验，也有失败教训，涉及中外企业的不同实例，为读者提供参考。

在此，我要特别感谢武建军、田其新、耿学寨、刘婷婷、赵超平、于山、王晓晖、张勇、常青、孙慧芳、孙卓巍、殷成胜等人为本书撰写贡献的宝贵建议与案例，感谢参与面对面访谈的180多位供应链高管，他们分享了生动的一线实战经历。同时，也衷心感谢机械工业出版社的编辑为本书体例提出的专业建议。

在正式阅读本书之前，读者不妨先做个"自评问卷"，评估一下自己企业的供应链能力，看看有哪些差距。然后，我们带着这些差距和四大挑战问题，一起走进书里，共同学习、交流。企业出海，必须品牌引领，供应链支撑。本书聚焦出海企业供应链管理，阐述一套从战略到执行的实战指南，愿供应链出海点亮中国企业的全球商业版图。

# 企业出海供应链管理成熟度自评问卷

尊敬的企业管理者：

成熟度模型，是一种评估工具，用于衡量和评估企业在特定领域内的能力水平。为了更好地让您了解自己企业在出海供应链管理方面的成熟度，我们特别设计了这份自评问卷。本问卷旨在帮助您全面评估企业在出海过程中的供应链管理能力，识别短板，并为后续的能力提升提供明确方向。

请根据您企业的实际情况，对以下各维度及指标进行打分。打分标准如下。

优秀（4~5分）：该方面表现突出，具有显著优势。

良好（3分）：该方面表现良好，有一定的竞争力。

一般（2分）：该方面表现一般，有待提升。

较差（1分）：该方面存在明显不足，需要重点关注。

很差（0分）：该方面非常薄弱，亟须改进。

## 组织搭建

架构合理性：海外业务部门设置是否清晰，职责是否明确？

决策高效性：海外业务决策流程是否科学，响应是否迅速？

协作顺畅度：部门间沟通是否高效，问题是否得到及时解决？

考核科学性：针对海外供应链的考核指标是否合理？

应变灵活性：企业是否能快速适应海外市场变化并调整组织？

## 人才配置

储备充足性：企业是否有足够数量的海外供应链专业人才？

专业匹配度：人才技能与岗位需求是否高度契合？

培养体系完善性：企业的培训计划和晋升通道是否健全？

文化适应力：企业是否具备良好的跨文化沟通和适应能力？

稳定性：企业的人才流失率是否低，留任措施是否有效？

**需求洞察**

需求识别：企业是否能精准识别海外客户需求？

定制服务：企业是否能提供个性化的供应链解决方案？

预测准确：企业是否能精准预测客户未来需求？

满意度监测：企业是否监测客户对供应链服务的满意度并进行改进？

响应速度：企业是否能快速响应客户需求变化？

**产品重构**

本地化水平：产品设计是否高度适应海外市场？

质量符合度：产品是否符合海外质量标准？

创新能力：企业针对海外市场的创新能力是否强？

产品线丰富性：企业是否能满足不同海外客户需求？

更新频率：企业是否能根据市场反馈及时更新产品？

**流程优化**

采购合理性：海外采购流程是否高效，成本控制是否好？

生产稳定性：海外生产质量是否稳定，交付是否及时？

物流高效性：物流配送速度是否快，准确性是否高？

库存科学性：库存水平是否合理，管理是否优化？

持续改进力：企业是否不断优化海外供应链流程？

**伙伴选择**

信誉评估：企业是否严格评估海外合作伙伴的信誉？

模式适应性：合作模式是否符合海外业务需求？

协作能力：企业与伙伴的沟通协作是否顺畅？

风险分担合理：风险分担机制是否公平合理？

发展潜力评估：企业是否能准确判断伙伴的发展潜力？

**网络布局**

销售覆盖度：海外销售网络是否广泛覆盖？

物流完善度：物流配送网络是否健全？

仓储合理性：仓储布局是否科学合理？

协同效率：销售、物流、仓储的协同是否高效？

拓展能力：企业是否具备海外网络拓展潜力？

**风险防控**

识别全面性：企业是否能全面识别海外供应链风险？

评估科学性：风险评估方法是否科学合理？

应对有效性：风险应对措施是否切实可行？

监控预警力：企业是否能实时监控风险，预警是否及时？

文化建设：企业是否重视风险管理文化建设？

**数字化转型**

系统集成度：海外业务信息系统是否集成良好？

分析能力：数据分析是否深入，应用是否广泛？

创新应用：企业是否积极采用新技术？

安全保障：信息安全防护是否到位？

投入力度：企业在数字化转型方面的投入是否充足？

请您根据上述指标，对贵企业进行打分，以了解企业在出海供应链管理方面的成熟度水平。感谢您的参与和支持！

CONTENTS

# 目　录

推荐序一
推荐序二
推荐序三
序　　言
企业出海供应链管理成熟度自评问卷

## 第 1 章　组织搭建：跨越地域障碍，打造协同组织 / 1

### 1.1　如何确保组织架构支撑出海目标 / 3
1.1.1　供应链出海组织架构搭建 / 4
1.1.2　总部与分支分工详解 / 6
1.1.3　出海初级阶段组织架构 / 9

### 1.2　跨区域、跨职能团队如何高效协同 / 11
1.2.1　同一种语言，促进集团管理协同 / 11
1.2.2　四个一致，推动分支之间的协同 / 13
1.2.3　明确指挥链，促进团队协同 / 15

### 1.3　如何构建全球治理框架 / 17

  1.3.1 构建供应链全球治理框架 / 17
  1.3.2 ESG：出海的通行证 / 19
  1.3.3 汇报层级与决策机制设计 / 21
 1.4 如何构建具备可扩展性和高度灵活性的组织 / 24
  1.4.1 为什么要具备可扩展性 / 24
  1.4.2 怎样做到具备可扩展性 / 25
  1.4.3 构建"标准化 + 本地化 + 可扩展性"组织 / 26

## 第 2 章 人才配置：突破人才困境，组建跨国团队 / 30

 2.1 如何构建全球供应链团队 / 32
  2.1.1 合理搭配外派人才与本地人才 / 33
  2.1.2 定制化培训：培养需要的人 / 34
  2.1.3 名义雇主：雇用适合的人 / 36
 2.2 如何解决跨文化沟通问题 / 38
  2.2.1 开展文化敏感性培训 / 38
  2.2.2 建立文化大使制度 / 41
  2.2.3 举办多元文化活动日 / 43
 2.3 如何营造开放、包容、创新的文化氛围 / 44
  2.3.1 不要人为夸大文化差异 / 45
  2.3.2 要把本地员工当成自己人 / 46
  2.3.3 领导要以身作则 / 48
 2.4 海外员工考核与个性化激励 / 50
  2.4.1 统一全球考核标准 / 50
  2.4.2 布置工作，要符合 SMART 原则 / 52
  2.4.3 解决不同地区薪资差异问题 / 54

## 第 3 章 需求洞察：消除匹配难题，精准对接需求 / 58

 3.1 如何精准识别海外客户需求 / 60
  3.1.1 客户画像与需求定位 / 60

3.1.2　客户行为与需求洞察　/ 62
  3.1.3　客户分类与供应链战略　/ 64
3.2　如何精准预测并管理客户需求　/ 66
  3.2.1　惯性原理　/ 66
  3.2.2　相关性原理　/ 67
  3.2.3　类比性原理　/ 69
3.3　小批量多品种，如何预测更准　/ 71
  3.3.1　无限逼近信息源头　/ 71
  3.3.2　发现客户真正需求　/ 73
  3.3.3　引导客户改变需求　/ 75
3.4　如何快速响应海外市场变化　/ 76
  3.4.1　全链参与，协同预测　/ 77
  3.4.2　四大物料，单独预测　/ 79
  3.4.3　三类人员，分别预测　/ 80

## 第 4 章　产品重构：跨越认知差异，适配本地市场　/ 84

4.1　如何精准匹配本地市场需求　/ 86
  4.1.1　精准捕捉本地客户的独特需求　/ 86
  4.1.2　在海外基地成立工程部　/ 89
  4.1.3　在采购部设立国产化团队　/ 90
4.2　如何协同产品重构与供应链布局　/ 91
  4.2.1　产品重构，要面向供应链　/ 92
  4.2.2　供应链设计，要契合产品　/ 93
  4.2.3　产品要定制化，但也要简化　/ 95
4.3　如何提升物料本地可采购性　/ 97
  4.3.1　产品重构，三个考量因素　/ 97
  4.3.2　评估物料在当地市场的可采购性　/ 99
  4.3.3　邀请关键供应链伙伴早期参与　/ 100
4.4　如何确保产品本地化合规　/ 102

4.4.1　产品重构，要考虑三个合规　/ 103

4.4.2　要特别注意包装的合规性　/ 104

4.4.3　要考虑海关编码和贸易限制　/ 106

## 第 5 章　流程优化：拉通堵点卡点，提升运作效率　/ 109

5.1　如何优化供应链管理流程　/ 111

5.1.1　优化五大流程，提高供应链效率　/ 111

5.1.2　优化"三流"，增强供应链竞争力　/ 113

5.1.3　优化产销平衡会，拉通供应链　/ 116

5.2　如何提升供应链反应速度　/ 118

5.2.1　缩短四个周期，实现快速交付　/ 118

5.2.2　优化供应链策略，平衡速度与成本　/ 120

5.2.3　识别关键资源，做好齐套管理　/ 122

5.3　如何降低供应链出海总成本　/ 123

5.3.1　五要素，构建总成本模型　/ 123

5.3.2　跨部门协同降本　/ 126

5.3.3　优化交易流程，降低交易成本　/ 128

5.4　如何确保退货流程顺畅　/ 129

5.4.1　关注三项法规和一项制度　/ 130

5.4.2　提升客户体验　/ 132

5.4.3　要将坏事变好事　/ 133

## 第 6 章　伙伴选择：精准寻源供方，协同拓展海疆　/ 137

6.1　如何与国内供应商抱团出海　/ 139

6.1.1　抱团供应商选择标准　/ 140

6.1.2　怎么保持供应商竞争性　/ 141

6.1.3　抱团供应商退出机制　/ 143

6.2　如何开发与管理本地供应商　/ 145

6.2.1　本地供应商开发指南　/ 145

6.2.2　帮扶供应商六大策略　/ 147

6.2.3　跨国公司在中国的经验　/ 148

6.3　如何考核出海合作伙伴的绩效　/ 150

6.3.1　供应商绩效指标设立指南　/ 150

6.3.2　分级分类管理　/ 152

6.3.3　提升供应商绩效的策略　/ 154

6.4　如何创新出海伙伴合作模式　/ 156

6.4.1　大企业供应链整合模式　/ 156

6.4.2　中小企业借力合作模式　/ 158

6.4.3　初创公司供应商合作伙伴合作模式　/ 160

## 第7章　网络布局：立足全球视角，构建高效网络　/ 163

7.1　如何高效搭建全球供应网络　/ 165

7.1.1　依据资源优势布局　/ 165

7.1.2　兼顾成本与效率因素　/ 167

7.1.3　分散风险的多点布局　/ 168

7.2　如何优化本地物流仓储布局　/ 170

7.2.1　构建物流网络的重点与难点　/ 171

7.2.2　规划全球物流运输方案　/ 172

7.2.3　出海中常见的五种仓储设施　/ 174

7.3　如何选择出海方式　/ 176

7.3.1　出口贸易方式　/ 176

7.3.2　海外投资方式　/ 178

7.3.3　并购企业供应链的激活与整合　/ 180

7.4　如何规划海外工厂　/ 182

7.4.1　海外工厂选址的8个要素　/ 182

7.4.2　规模要小，品类要少　/ 184

7.4.3　聚焦核心，非核心外包　/ 187

# 第 8 章 风险防控：提升供应链韧性，筑牢安全屏障 / 190

## 8.1 如何精准识别和管控供应链风险 / 193
### 8.1.1 风险识别的 4 大策略 / 193
### 8.1.2 风险洞察的 8 个维度 / 195
### 8.1.3 风险管理的 4T 法则 / 196

## 8.2 如何提升供应链出海的韧性 / 198
### 8.2.1 标准化，实现自由切换 / 199
### 8.2.2 备份与冗余，可随时调用 / 199
### 8.2.3 应急预案，第一时间启动 / 200

## 8.3 如何防范资金结算与汇率风险 / 202
### 8.3.1 应对汇率波动风险的策略 / 202
### 8.3.2 应对外汇管制风险的策略 / 204
### 8.3.3 应对合作伙伴失信风险的策略 / 206

## 8.4 如何有效防范与应对合同风险 / 208
### 8.4.1 跨境合同风险规避指南 / 208
### 8.4.2 知识产权风险规避指南 / 210
### 8.4.3 跨境合同纠纷处理指南 / 212

# 第 9 章 数字化转型：科技赋能全链，驱动全链升级 / 215

## 9.1 如何构建海外供应链数字化平台 / 217
### 9.1.1 如何低成本构建全球供应链系统 / 217
### 9.1.2 供应链控制塔：供应链出海管理的利器 / 219
### 9.1.3 信息质量，供应链出海管理的生命 / 221

## 9.2 如何使用数字化工具提升出海效率 / 223
### 9.2.1 三大技术破解三大难题 / 223
### 9.2.2 一码到底：推动一盘货管理有效实施 / 224
### 9.2.3 系统打通，解决兼容问题 / 225

## 9.3 如何有效保护数据安全与隐私 / 227

　　　　9.3.1　获取数据，注意合规 / 227

　　　　9.3.2　传输数据，注意安全 / 229

　　　　9.3.3　跨境传输，既要合规又要安全 / 232

　　9.4　如何借助数字化助力出海成功 / 234

　　　　9.4.1　大公司也能高效灵活 / 234

　　　　9.4.2　小公司也能做大生意 / 236

　　　　9.4.3　破解七大出海难题 / 238

附　录　实践探索：常用工具模板，绘制出海蓝图 / 241

　　1. ESG供应链全球治理框架 / 241

　　2. 国家手册模板 / 245

　　3. 出海热门国家文化禁忌 / 247

　　4. 清真认证：通往伊斯兰市场的钥匙 / 251

　　5. 反恐认证：国际贸易安全的关键防线 / 253

　　6. 供应链网络调查模板 / 255

　　7. 供应链尽职调查模板 / 260

　　8. 供应链出海五大热门国家攻略 / 262

后　记　供应链出海，点亮全球商业版图 / 265

# 第 1 章
# 组织搭建：跨越地域障碍，打造协同组织

组织是管理的载体，供应链出海是组织能力进化的一个过程，任何管理意图都要靠组织达成。管理的核心在于搭班子、定战略、带队伍。企业决定供应链出海时，首要任务是搭建高效协同的组织团队。若组织权责不清，易出现工作交叉或遗漏；汇报机制不明，会导致多头指挥，让执行层无所适从；缺乏沟通机制，人员易因信息版本不同而行动不一。

搭建组织，需要明确供应链各环节岗位的分工、权责与汇报关系，确保岗位间协同，这是供应链出海的关键起始步骤。供应链的效率取决于组织能力及组织间的高效协同。这种协同涵盖企业内部各职能部门、总部与海外基地、基地间，以及企业与供应商、分销商、客户等外部组织，如何实现高效协同是供应链出海亟待攻克的难题。

### 开篇案例

#### 扬帆出海，协同之困

星辉科技，一家在中国颇具影响力的制造企业，凭借其卓越的产品和创新技术，在国际市场上逐渐崭露头角。然而，当他们将供应链延伸至海外时，却遭遇了一系列挑战。

### 1. 组织架构："本地化"与"全球化"冲突

星辉科技出海之初，将国内那套高度集权、行之有效的组织架构直接复制到了海外。然而，海外市场环境的错综复杂、文化差异的巨大鸿沟以及法律法规的千差万别，让这套原本在国内无往不胜的组织架构在海外屡屡受挫。

海外子公司身处异国他乡，渴望获得更多的自主权，以便灵活应对当地市场的快速变化。而集团总部担心一旦分权过度，就会管理失控，风险难测。

### 2. 汇报与决策机制：信息传递的"肠梗阻"

星辉科技原本在国内行之有效的汇报与决策机制，在海外却显得力不从心。由于时差、语言、空间等各种原因，信息传递时而迟滞，时而失真，让决策者难以做出准确判断。

海外子公司与集团总部之间，如同患上了"肠梗阻"。子公司的紧急需求、市场变化等重要信息，往往要经过层层汇报、反复核实，才能艰难地传递到总部。而总部的决策指令，也同样要经历一番曲折，才能传达到子公司。这种低效的信息传递，严重制约了供应链的协同效率。

### 3. ESG标准：全球统一与差异的"两难选择"

不同国家和地区对ESG（环境、社会与治理）的要求各不相同，有的严格，有的宽松，这让星辉科技在全球运营中陷入了"两难选择"。一方面，星辉科技希望在全球范围内推行统一的ESG标准，以维护品牌形象和企业文化的一致性。但另一方面，他们又不得不面对各地不同的ESG要求，不得不做出适当的调整和妥协。

权责不明、信息传递不畅、ESG标准不统一，这些问题如同三座大山，压得他们喘不过气来。

## 本章导言

### 组织搭建：从战略到执行思考框架

从战略层面看，组织架构设计应紧密围绕供应链出海的战略任务与目标，聚焦解决供应链出海的"四大挑战"，并确保组织间的高效协同，以实现从战略到执行的一致性。

从执行层面看，组织架构设计需要首先对标出海目标，分析现状并查找不足。设计时应确保岗位设置合理、汇报层级清晰、职责分工明确以及沟通渠道畅通，从而构建一条清晰的指挥链。组织架构对内需要能够有效连接各部门，对外需要连接供应商、制造商、分销商和客户等关键节点，同时关注供应链风险管理，形成一个稳定的网链结构。通过信息共享、流程互通和风险共担等机制实现协同，提升整体供应链的运作效率。指挥链作为贯穿组织高层至基层的权力与责任纽带，明确了汇报路径与决策权限，构建起统一指挥、责任到人的高效体系。运用从战略到执行的方法论，统一管理语言，确保"上下同欲，左右对齐"，做到战略可规划、流程可执行、细节可操作、责任可到人。

本书不求面面俱到，而是聚焦供应链出海组织搭建中的常见突出问题。例如，如何实现跨区域、跨职能团队的高效协同。同时，站在全球供应链的高度，构建科学合理的治理体系，并将ESG原则融入其中，为组织的可持续发展预留空间，确保企业在面对未来变局时能够灵活应对，稳健前行。

## 1.1 如何确保组织架构支撑出海目标

对于供应链出海，不同阶段有不同的战略目标和任务，不同公司有不同的管控模式，组织架构需要与之相匹配，与战略保持一致。如果照搬"大"公司组织架构，可能会使得组织过"大"，不够灵活，影响供应链运作效率，如果过"小"，也没有足够的能力支撑出海目标的实现。因此，组织设计，包括岗位设置与权责分工、汇报层级与决策机制以及考核指标与激励机制等，要与出海阶段、出海目标相匹配。战略一致性是确保组织协同和出海成功的关键要素。

### 1.1.1 供应链出海组织架构搭建

在供应链出海的进程中，企业组织架构设计直接关系到全球化布局效率、本地化运营敏捷性以及风险控制能力，其核心在于实现"全球资源整合＋区域快速响应"，从战略定位、组织架构模型、组织架构设计关键要素三个维度构建系统性框架，是企业出海成功的关键所在。

#### 1. 战略定位：锚定出海方向

战略定位是组织架构搭建的顶层逻辑，企业须依据自身出海目的精准规划。

（1）拓展市场：快消、零售等行业，旨在扩大市场份额，组织架构应聚焦"区域市场深耕＋本地化营销"。在新兴市场如拉美、亚太设立区域营销中心，深度洞察当地消费习惯，迅速调整产品与营销方案，抢占市场高地。

（2）获取资源：矿业、农业等行业，以获取关键资源为导向，架构突出"全球资源采购＋资源加工集群"。如在澳大利亚设矿产采购中心，在东南亚布局农产品加工基地，保障资源稳定供应与高效转化。

（3）规避风险：贸易频繁受政策、汇率波动影响的行业，须构建"多区域布局＋柔性供应链"架构。在不同国家或地区设立生产、仓储基地，分散风险，灵活调配资源。

（4）塑造品牌：科技、高端制造等行业，以打造全球品牌为目标，搭建"全球品牌传播+本地化服务"架构。在全球主要城市设品牌体验中心，在各区域建立售后服务网点，提升品牌知名度与美誉度。

2. 组织架构模型：适配业务需求

（1）矩阵式架构：纵向按采购、生产、物流、销售等职能划分，横向按区域/国家划分，适用于多市场、多产品线且需要快速响应本地需求的企业。如海尔的"三位一体"，结合全球资源协同平台，实现全球资源与本地需求的高效对接。

（2）联邦式架构：各区域拥有独立供应链决策权，总部负责战略统筹与资源调配，适合市场差异大、政策壁垒高的行业，如医药、食品行业。如联合利华在印度设立本地化体系，灵活应对当地复杂环境。

（3）轴辐式架构：总部作为"轴心"制定统一的标准与流程，海外节点作为"辐条"执行标准化操作，适用于产品标准化程度高、对成本敏感的企业，如消费电子、服装行业。富士康以中国为轴心，全球工厂执行统一标准，实现高效生产与成本控制。

3. 组织架构设计关键要素：夯实组织根基

（1）全球供应链中枢：在总部设立专家中心（COE），下设全球采购委员会等部门，负责战略规划、资源调度等核心工作。

（2）区域运营中心：配备区域总经理和熟悉当地法规、文化的团队，负责本地化采购到客户服务的全流程。

（3）柔性化组织模块：如解决清关、税务等问题的跨境协同单元，以及应对突发事件的应急响应小组，提升组织灵活性。

（4）数字化中台：采用ERP+WMS/TMS+区块链系统架构，通过全球供应链数据库实现跨区域协同，提升运营效率与透明度。

（5）人才梯队：实施全球流动计划，建立总部与区域间轮岗机制，开展本地化培养，为企业发展提供人才支持。

（6）合规与ESG架构：构建三层合规体系，设立可持续发展官岗位，融入ESG理念，确保企业可持续发展。

供应链出海组织架构搭建，需要用全球化思维设计框架，用本地化智慧填充内容。企业应依据自身情况动态调整，打造供应链韧性组织。

### 1.1.2　总部与分支分工详解

在全球化供应链布局中，总部与分支分工遵循"战略集中化、运营本地化、资源协同化"原则，防止总部过度干预或分支各自为政。下面以矩阵式架构为例展开介绍。

#### 1. 总部核心职责（战略中枢）

战略规划中心：制定覆盖质量、ESG、技术规范的"全球供应链宪章"，依据地缘风险和成本模型，审批区域枢纽选址。比如苹果总部要求供应商遵守准则，同时允许印度工厂按当地劳动法调整加班时间。

资源调度中心：对人力、财力、物力、知识等资源进行全面统筹。人力层面，安排全球人才调配，促进总部与分支人员流动；财务层面，统一资金管理，合理分配预算；物资层面，构建产能调配机制，保障重点区域订单交付，统筹大宗采购，如宁德时代总部统一采购锂资源；知识层面，推动全球知识共享。

风险控制中心：搭建数字化控制塔，实时监控各类风险，制定应急预案。例如比亚迪要求分支预留库存应对海关延误。

**知识管理中心**：严格把控知识产权，确保核心专利与数据安全，主导全球研发网络。同时，对企业全球业务中的经验教训进行萃取，并转化为知识资产，通过内部培训、共享平台等方式供各分支学习借鉴。

### 2. 分支核心职责（战术执行）

**本地化运营闭环**：采购开发本地供应商，降低外汇依赖；生产适配本地法规；销售定制区域产品，如海尔在欧洲推出高能效冰箱。

**快速响应区域需求**：建立区域库存池，按公式动态调整库存；灵活调整交付模式，如中东分支支持特殊时段配送，东南亚分支支持货到付款。

**本土合规落地**：落实国际、区域、国别三层合规要求，对接本地利益相关方，如印度分支与工会协商排班，管控灰色成本。

**文化融合与人才管理**：制定含宗教禁忌和沟通礼仪的"本地化管理手册"，培养本土骨干，如传音在非洲设学院以提升本地员工管理层占比。

### 3. 总部与分支协同机制

**权力清单制度**：总部保留核心技术输出、供应商准入审批等关键权力；分支拥有本地员工招聘、小额应急采购等自主权，如海尔允许欧洲分支自主更换低额物流服务商。

**双向考核体系**：总部从库存周转率、合规情况等硬指标和跨区域协同等软指标考核分支；分支从资源支持、战略适配度等方面评价总部。

**数字化协同平台**：搭建全球数据中台，利用区块链跨国追踪质量；区域配备灵活插件，如东南亚分支接入电商接口，欧洲分支对接碳排放交易系统。

对于供应链出海企业来说，总部与分支分工的关键在于通过合理的规则设计，在追求全球成本最优的同时，实现本地价值的最大化，找到两者间的动态平衡。

### 案例研究

## 集中管理，分散决策

在供应链出海管理中，如何平衡集中与分散是一道难题。集中管理虽能实现整体把控，但可能因决策流程冗长而降低效率；分散决策虽能提升灵活性和响应速度，却又存在失控风险。如何在管控与效率之间找到平衡点？采埃孚公司巧妙运用"集中管理，分散决策"之法，化解了这一矛盾，实现了高效运营。

集中管理方面，采埃孚总部紧握关键。统一供应商筛选与评估标准，确保零部件质量一致。对特殊钢材、电子芯片等关键原材料，凭借规模优势集中采购，争取最优条款并统筹分配。精心规划供应链战略，布局全球生产与物流网络。通过统一制定全球供应链管理标准和流程体系，包括采购、生产、物流等环节的操作规范和质量标准，确保海外供应链在各个环节都达到公司的全球要求。

分散决策方面，海外团队各展其能。以中国团队为例，可因地制宜开发本地供应商，为非关键零部件采购挖掘具有成本或技术优势的伙伴，提高采购效率。在库存管理上，依据当地市场波动，在总部框架内灵活调整库存水平，避免积压或缺货。在物流配送上，根据国内交通、设施等实际情况，自主选择物流伙伴与方式，优化路线，确保及时交付。

采埃孚的这一模式，为中国供应链出海提供了宝贵借鉴。

## 1.1.3 出海初级阶段组织架构

在供应链出海的初级阶段，组织架构的设计须兼顾灵活性、本地化和战略协同，既要保证资源的高效利用，又要能迅速适应海外市场的复杂环境。以下是初级阶段的组织架构建议。

**1. 初级阶段的核心目标**

快速试错：对目标市场的可行性进行验证，降低初期投入所面临的风险。

轻资产运营：优先选择与第三方合作，如借助第三方物流（3PL）、本地代理商等，而非自行建设基础设施。

总部强管控：实施集中决策，维持战略的一致性，防止资源分散。

**2. 推荐组织架构模型**

（1）总部层面：国际供应链中心（集中管控）。

战略规划部：承担市场研究、风险评估以及整体布局设计的工作。

全球采购与供应商管理：统一规划海外供应商的开发，并维护好合作关系。

跨境物流与关务：协调国际运输相关事宜，确保清关合规，工作人员须熟悉国际贸易术语（Incoterms）和关税规则。

本地化支持团队：提供法务、财务、文化适配等后台支持服务。

（2）本地层面：区域运营中心（轻量化）。

区域负责人：直接向总部汇报工作，负责推动当地业务的落地实施。核心职能如下。

本地采购与供应商对接：处理区域化的采购需求。

仓储与配送管理：与第三方物流协同合作，优化库存周转效率。

合规与政府关系：确保业务符合当地法规，比如欧盟的 CE 认证要求、东南亚的进口限制规定等。

客户服务：负责处理本地订单、售后服务以及纠纷问题。

（3）跨职能支持部门（虚拟团队）。

财务与税务：管理外汇风险，进行税务筹划，例如处理转移定价、增值税（VAT）等事务。

法务与合规：审核合同，做好知识产权保护工作，比如商标注册、遵守数据隐私相关的《通用数据保护条例》(GDPR)。

HR 与跨文化管理：招聘本地人才，设计并开展跨文化培训，内容涵盖沟通习惯、当地劳工法等。

IT 与数字化：部署供应链管理系统，比如将企业资源计划（ERP）系统本地化，运用物流追踪工具。

### 3. 常见误区与避坑指南

过度分权：在初期如果任由区域自行管理，容易造成与总部战略不一致的情况。

忽视合规：如低估欧盟 REACH 法规、美国反倾销调查等带来的隐性成本。

文化冲突：比如在东南亚直接套用中国国内的管理模式，可能引发劳工纠纷。

### 4. 总部从管控型向赋能型转变策略

随着供应链出海的深入和管理成熟度的提升，总部须从以下方面向赋能型转变。

理念转变：组织培训与研讨，分析案例，让总部员工理解赋能内涵，树立服务区域的理念。

权力下放：梳理权力清单，当区域能力成熟时，分阶段下放采购、运营决策权，总部把控关键节点。

资源共享：整合财务、法务等资源，搭建共享平台，区域按需获取支持；总部研发新技术并共享成果。

能力培养：为区域定制培训，设立跨区域导师制度，助力区域成长。

绩效优化：构建多元评估体系，纳入创新、协同等指标，奖励表现突出的区域。

## 1.2 跨区域、跨职能团队如何高效协同

企业出海构建全球供应链，无疑是一场充满挑战与机遇的征程。在这一过程中，企业不仅要面对文化、语言、时区等多方面的差异，还要努力克服这些差异带来的协同难题。正是因为这些挑战的存在，使得全球供应链的协同管理变得尤为重要而复杂。

### 1.2.1 同一种语言，促进集团管理协同

在出海供应链管理中，国内总部与海外基地由于时差、空间、文化等差异，在协同工作上面临诸多挑战。可从同一种语言、同一种流程、同一种文化这三个维度化解。

#### 1. 同一种语言，消除沟通障碍

这里说的同一种语言，不是在强调使用英语或汉语，而是管理语言要统一，否则沟通效率非常低，还容易误解。

促进语言协同的方法如下。

**规范术语**：梳理供应链各环节术语与话术，编制统一手册，保证各方表达一致，避免歧义。

**多语系统**：线上办公系统嵌入多语言切换功能，确保不同语言背景员工准确接收信息。

**冲突案例分析**：在产品质量沟通上，某企业国内总部与东南亚某海外基地虽都用"合格"一词，但标准不同。国内要求成品各细节达标，该海外基地所在地区则要求核心性能达标即可。在一次大客户订单的交付中，总部依海外基地"合格"标准上报发货，却因外观瑕疵遭客户投诉退货，严重损害了企业声誉与客户关系。这表明，即便术语相同，理解不一致也会导致决策失误。

### 2. 同一种流程，提升协同效率

流程指的是信息流动的方向以及处理机制，其中也涵盖决策权限。因此，在供应链出海的过程中，应坚持统一流程。若不同公司、不同人员所遵循的流程不一致，便会导致严重的协同问题。

促进流程协同的方法如下。

**梳理标准**：梳理出海供应链全流程，消除模糊处，明确各环节顺序、责任主体与交付要求。

**更新宣贯**：依据业务和市场变化更新流程，通过多渠道向员工宣贯，保证按新流程工作。

**冲突案例分析**：某企业国内总部每月末全面盘点库存，对盘盈盘亏及时处理；东南亚某海外基地每季度末盘点，处理方式宽松。总部筹备促销活动向该基地索要库存数据时，该基地无法及时准确提供，致使总部备货失误，畅销品缺货、滞销品积压，严重影响了销售与资金周转。流程不同会导致信息时效性和准确性不一，破坏供应链协同。

### 3. 同一种文化，凝聚协同力量

通过同一种语言、同一种流程，在公司统一的策略、使命、愿景、价值观的指引下，就会形成同一种文化、同一种处理事务的风格。

促进文化协同的方法如下。

提炼价值观：基于企业使命与愿景，提炼适用于出海供应链的核心文化价值观，如诚信、协作等，并广泛宣传。

开展融合活动：组织线上线下文化融合活动，如文化分享会、知识竞赛，增进员工对不同文化的了解，提升凝聚力。

融入制度：将核心文化价值观融入绩效考核、晋升等管理制度，保障文化理念落地。

冲突案例分析：某企业国内总部受儒家思想影响，层级观念浓，决策自上而下传达；欧洲某海外基地受西方文化影响，注重员工平等参与决策。新产品研发计划调整时，总部直接下达指令，欧洲基地员工因未参与决策而抵触，导致研发延误，错过市场投放最佳节点。这一案例凸显了文化差异对供应链协同的阻碍。

## 1.2.2 四个一致，推动分支之间的协同

对于供应链出海企业，总部与分支、分支与分支间的协同合作，是决定出海成败的关键因素。通过信息一致、认知一致、能力一致、信任一致，可有效促进组织高效协同。

### 1. 信息一致，筑牢协同根基

决策依赖信息，信息不一致就无法统一决策，协同更是无从谈起。要做到信息一致，各分支须统一数据标准与系统，采用相同的数据格式、统计口径和信息录入规范，搭建兼容的信息管理系统，保证库存、订单、

生产进度等业务数据精准传递与共享。同时，建立实时信息互通机制，借助即时通信工具、定期数据汇报和协同办公平台，让各分支实时掌握业务动态与市场变化，基于最新信息开展工作。

### 2. 认知一致，凝聚协同共识

职业的天花板来自认知的局限，企业的未来取决于企业家的视野与决断。实现协同的必要前提是认知一致，然而这颇具难度。出海后，国内一些常见的管理理念，像"吃苦耐劳""奉献精神"，可能因文化差异和当地法规而不再适用。

为达成认知一致，企业首先要明确共同目标与规划，围绕供应链出海战略，组织各分支研讨并制定清晰一致的业务目标，细化实施规划，让每个分支都清楚自身工作对整体目标的贡献。此外，加强战略宣贯与培训也极为重要。对于战略，有人可能认为比较虚，或者觉得那是高层的事，与普通员工没有关系。一位曾在德国担任 3 年中资公司总经理的受访者提到，德国员工常询问公司战略，若不解释清楚，他们会追着问。确实，如果员工对公司发展方向不明，就无法在思想上统一，更难以协同奋进。很多西方公司常提及 "align"，即 "使一致"，也就是我们常说的 "对齐"，目标、策略、价值观统一，组织间才能更好地协同。

### 3. 能力一致，提升协同效能

组织协同需要能力适配。个体能力要与任务要求契合，团队成员间应形成能力互补。为实现能力一致，企业须搭建技能提升与共享平台，针对供应链关键技能开展线上线下培训和经验分享，提升员工业务能力，缩小分支间能力差距。此外，各分支应定期梳理优秀实践案例，如降低库存成本、优化供应商管理等方面的成功经验，并通过内部交流、案例分享会在其他分支推广,共同提升能力水平。

#### 4. 信任一致,保障协同长效

高度的信任是组织高效协同的必备条件。信任度越高,协同效果越好;缺乏信任则易生猜忌与隔阂,阻碍信息共享与行动配合。建立信任一致,首先要营造透明沟通的文化,鼓励各分支坦诚交流业务进展、问题与困难,通过定期会议和一对一沟通,增进信任。此外,要制定公平公正的合作机制,在资源分配、利益共享、责任划分等方面确保各分支得到公正对待,避免因利益不均破坏信任关系,保障长期稳定的协同合作。

"四个一致"相辅相成,信息一致是基础,认知一致是导向,能力一致是保障,信任一致是动力。企业出海过程中,把握好这四个一致,定能打造高效协同的组织,助力出海战略成功实施。

### 1.2.3 明确指挥链,促进团队协同

指挥链是贯穿组织高层到基层的权力与责任纽带,明确了汇报路径和决策权限,构建起统一指挥、责任到人的高效体系,确保工作有序推进,责任精准追溯。建立清晰的汇报与决策机制,对促进团队协同、提升工作效率意义重大。下面从三个关键方面详细阐述,说明合理的汇报层级和决策机制如何推动团队协同。

#### 1. 明确汇报层级

清晰的汇报层级和频率是保障信息流通的基础。要确立从基层到高层一目了然的汇报路径,保证信息准确无误地传递。每位团队成员都必须清楚地知晓自己的直接上级,以及在不同情形下须向哪些更高级管理人员汇报,杜绝信息混乱或遗漏。

定期会议是汇报工作、探讨问题、规划后续行动的重要平台。依据工作的重要程度和紧急程度，设置适宜的汇报周期，比如每日、每周或每月等。通过会议，成员能了解彼此的工作状况，察觉潜在的问题与机会，共同研讨解决方案和行动计划。会议制度须明确会议时间、地点、参会人员及议程，以确保高效进行。同时，要鼓励成员在会议上积极发言提问，促进信息充分交流。

### 2. 建立高效决策机制

区分日常决策和重大决策，分别设置不同流程。对于日常运营的常见问题，建立快速决策流程，明确决策权限和责任主体，设定决策时限，提供必要支持和资源，以此降低决策时间和成本，快速响应市场和客户需求，提升团队执行力。

重大战略决策则采用跨部门讨论、高层审议的方式。跨部门讨论能集合各方智慧，避免决策片面；高层审议从全局和战略高度审视决策，保障其符合企业长远利益和战略目标。

### 3. 成立跨职能协同小组

在出海进程中，企业常面临涉及多部门知识和技能的特殊问题或重大项目。为有效应对，须成立跨职能协同小组，将各部门优秀成员汇聚在一起，共同制订并执行解决方案。

跨职能协同小组可以打破部门壁垒，促进不同领域和层级间的沟通协作，促使成员相互学习借鉴，形成互补优势，提升团队整体能力。通过协同，小组能更全面认识问题和项目的复杂性，制订更科学可行的方案。成员间紧密合作、相互支持，还能增强团队凝聚力和向心力，提升团队执行力和战斗力。

## 1.3 如何构建全球治理框架

构建供应链全球治理框架，能整合全球供应链各环节资源，增强协同效率，有效抵御地缘政治、市场波动等风险，保障物资稳定供应。在此框架下，一定要融入 ESG 理念。由于不同国家和地区 ESG 要求有别，因此既要确立统一原则，在全球范围内树立一致的可持续发展理念，也要赋予各地区一定的灵活性，允许其依据当地实际情况适当调整，以确保供应链的可持续发展与合规性。

### 1.3.1 构建供应链全球治理框架

前面讲到供应链出海组织架构，现在讲构建全球治理框架，这两者之间有区别，也有联系。组织架构聚焦企业内部，保障海外供应链顺畅运转；全球治理框架更为宏观，涵盖企业内外部关系协调、与全球利益相关方互动及政策制定。二者相互支撑，供应链出海组织架构落实全球治理框架，全球治理框架指导供应链出海组织架构设计。同时，它们在风险管理、合规管理等方面存在内容交叉，共同保障企业全球运营的稳定与合法。

搭建供应链全球治理框架，是企业实现"战略统一性、运营灵活性、风险可控性"的核心任务。这一框架突破传统供应链管理的边界，融合地缘政治、国际规则、技术标准和跨文化管理等复杂维度。

下面精简阐述其核心内容。

1. 供应链全球治理的核心目标

战略协同：平衡全球资源整合与区域市场响应，实现企业全球布局与区域需求的有效结合。

合规穿透：满足国际、区域、国别多层级法规要求，确保运营全程合规。

韧性增强：抵御地缘冲突、自然灾害、技术脱钩等各类冲击，保障供应链稳定运行。

价值共创：与全球合作伙伴共同打造可持续发展生态，实现互利共赢。

2. 全球治理框架设计的四大核心原则

（1）"中心化+联邦制"混合治理：总部制定全球统一标准，如ESG、数据安全标准等，区域/国家层保留本地化适配权。例如，苹果公司要求供应商遵守《供应商行为准则》，但允许东南亚工厂依据当地劳动法调整工作时长。

（2）"三层合规穿透"机制：遵循国际、区域、国别三层规则。国际层遵循WTO规则、《联合国商业与人权指导原则》（UNGP）；区域层遵循《全面与进步跨太平洋伙伴关系协定》（CPTPP）、欧盟《企业可持续发展尽职调查指令》（CSDDD）；国别层遵循各国供应链相关法规。

（3）数字化治理基座：借助区块链实现跨境溯源，利用AI监控全球港口延误、汇率波动等风险信号，提升治理效率与精度。

（4）利益相关方参与框架：成立多边治理委员会，成员包括政府、NGO（非政府组织）、供应商、工会代表等。例如，耐克设立全球劳工事务委员会，联合第三方审计机构监督代工厂。

3. 全球治理框架的六大关键模块

（1）战略决策层（总部）：由CEO、CFO、CSO等组成全球供应链理事会，负责制定"全球供应链宪章"，审批区域枢纽布局，设定跨区域资源调配规则。

（2）区域执行层（区域中心）：设置本地化合规团队解读区域法规，设立应急响应中心储备"战备库存"。例如，特斯拉在柏林工厂设立欧盟数据合规官，保障生产数据不出境。

（3）标准化与本地化平衡机制：采用"80/20规则"，80%为全球强制标准，如质量管理、反腐败、碳足迹计算；20%可本地灵活调整，如印度尼西亚清真认证、印度BIS认证替代部分国际标准。

（4）风险治理网络：运用风险矩阵管理，针对地缘政治、供应中断、合规冲突等风险设定监测指标和应对策略。

（5）数字化治理平台：具备全球控制塔、智能合约、合规引擎等功能，实现全链路可视、跨境支付自动化、合规自动识别。

（6）生态治理体系：对供应商分级治理，与战略级供应商股权绑定，与核心级供应链联合研发，对普通级供应商通过数字平台管控。

供应链全球治理的本质是"用规则驾驭复杂性"，须实现控制与赋权、效率与韧性、盈利与责任的平衡。未来的竞争是供应链生态体系的对抗，只有构建前瞻性治理框架的企业，才能在"全球化2.0"时代掌握规则定义权。

## 1.3.2　ESG：出海的通行证

无论是发达国家，还是发展中国家，对ESG的要求都日益提高。有些国家甚至明确要求企业雇用一定比例的女性员工、残疾员工和本地员工，同时关注社区和社会责任，以及必须解决一定数量的就业岗位和提供良好的工作环境，这些都成了当地政府赋予企业的期望和责任，企业需重视ESG，否则海关和税务稽查风险将大幅增加。在供应链出海的组织架构里，ESG已然成为关键考量内容，是企业出海的必备"通行证"与"保护伞"。对ESG的态度，很大程度决定着能否走出去、立得住、走得远。ESG堪称企业第二张财务报表，是中国企业供应链出海的必修课与竞争力。合规无关金钱，却关乎声誉与生死。

## 案例研究

### 践行ESG，打造出海典范

青岛韦立集团在矿业领域颇具影响力，业务聚焦于矿业开发、铁路及港口运营等相关板块。其海外业务拓展成绩斐然，尤其几内亚铝土矿项目极具代表性，凭借践行ESG责任，成为出海企业的典范。

#### 1. 环境维度

在几内亚铝土矿开采中，韦立集团主导的博凯赢联盟项目，深知环保意义重大。采取科学土地复垦举措，开采前妥善堆存地表土，结束后及时复填，还趁雨季前在复垦土地上种植腰果、芒果等经济树木，复垦面积达85万平方米。如此，既防止了对当地生态的破坏，又创造了生态与经济双重价值，让项目与自然环境和谐共生，契合国际矿业项目环境要求，切实履行了环境责任。

#### 2. 社会维度

就业与经济发展：赢联盟在几内亚博凯地区建设铝土矿出口基地时，积极创造大量就业机会，员工来源广泛，涵盖本地及周边地区居民。当地村民入职后收入显著提升，众多家庭借此改善生活、盖起新房。项目还带动港区周边商业繁荣，餐饮等服务类店铺不断涌现，有力推动当地经济发展。

基础设施建设：为改善当地基础设施，赢联盟出资870万美元修建

16.5 公里公路，便利居民出行。进驻两年多，为周边 137 个村庄打了 80 多口压水井，解决饮水难题，还为达鲁鲁村建多功能农村工作站，配备相关设备，且为部分村庄提供电力支持，提升居民生活质量。

教育培训与人才培养：积极开展技能培训，开办妇女技术培训班，传授电工等技能，提升当地妇女就业与生活能力。同时，当地员工在矿区积累经验技能，为几内亚矿业培养了大批技术人员，促进了人才储备与行业发展。

**3. 治理维度**

赢联盟在几内亚运营项目时，展现出卓越的治理能力。面对当地复杂的政策法规与众多利益相关方，始终遵循规范、透明、公开原则，严格遵守法律法规，保障项目依法依规推进。并且与当地政府密切沟通，及时反馈、听取意见，建立互信协作关系，确保项目稳定持续开展，凭出色的治理表现赢得各方信任与支持。

青岛韦立集团通过在几内亚项目上全方位践行 ESG 责任，获得了当地政府的认可与周边社区的好评，为自身海外长期稳定发展筑牢根基，也给其他出海企业履行 ESG 责任提供了优秀的参照样本，凸显了 ESG 在企业出海征程中的重要价值。

供应链出海时，为更好地履行 ESG 责任，可以构建 ESG 供应链全球治理框架，框架模板见附录。

### 1.3.3 汇报层级与决策机制设计

对供应链出海企业而言，汇报层级与决策机制直接关系组织效率与协同效果。从供应链日常管理出发，汇报层级与决策机制有以下设计要点。

### 1. 依管控模式定方向

（1）集权式管控。

总部倾向集权时，海外机构在采购价格、供应商选择、库存政策等日常管理决策上，须向总部供应链核心团队详细汇报。比如海外采购团队发现原材料价格波动，应立即上报，由总部综合全球供应链布局，确定采购价格区间，重大库存政策调整也由总部拍板，以此严控成本与风险，保障全球供应链稳定。

（2）分权式管控。

采用分权模式，海外分支机构有一定决策权。日常采购价格谈判、常规供应商选择由海外采购部门自主决定，定期向区域采购管理中心汇报。库存政策方面，区域中心结合当地市场与物流情况调整后报备总部。如区域中心根据销售淡旺季调整安全库存，既能让一线快速响应市场，又能让总部掌握关键信息以防范风险。

### 2. 据业务布局做规划

（1）业务多元化程度。

业务多元的出海企业，各业务板块设独立汇报线与决策团队。以电子产品和服装业务为例，各自采购、库存管理团队向总部对应部门汇报。各板块按自身需求和标准选择供应商，同时设跨板块协调小组处理共用供应商事务，优化采购成本，稳定供应链。

（2）海外市场覆盖范围。

海外市场覆盖广，按区域划分汇报层级与决策单元。区域采购团队负责筛选本地供应商、协商采购价格，库存管理团队根据当地需求制定库存政策，向区域供应链管理中心汇报。区域中心汇总信息定期上报总部，总部依各区域情况调配战略资源、管控风险，如在市场变动时平衡区域库存。

### 3. 参考海外人力状况做调整

（1）当地人才能力。

当地人才能力强，给予更多日常决策权，构建扁平化汇报层级。如采购专家直接与总部战略团队沟通价格策略，库存专员快速向海外机构负责人汇报并调整库存政策，提升决策效率。人才能力有限时，采用层级架构，基层汇报给中层主管，主管与总部沟通后决策，加强总部指导监督。

（2）人才文化差异。

在注重等级文化的地区，汇报层级与决策流程贴合当地习惯，体现层级权威，采购价格决策按基层提议、中层审核、高层定夺流程进行。在强调平等文化的地区，设计灵活开放机制，鼓励员工参与。如库存政策调整通过跨部门小组讨论，综合意见快速决策，提升决策质量。

### 4. 以协同机制为保障

（1）总部与分支机构协同。

建立定期沟通机制，每周召开采购与库存视频会议，由海外机构汇报情况，总部提供支持。搭建信息共享平台，实时更新采购、供应商、库存数据，确保双方信息对称，快速应对市场变化与风险。

（2）分支机构间协同。

成立跨机构协调小组，处理共同供应商与库存调配。如某区域库存积压，协调小组组织跨区域调配，优化整体库存水平，促进供应链各环节高效沟通，增强供应链韧性。

## 1.4 如何构建具备可扩展性和高度灵活性的组织

可扩展性组织是指能够在业务规模、市场范围、产品种类等方面实现快速增长和扩张，同时保持高效运作和管理的组织。

### 1.4.1 为什么要具备可扩展性

可扩展性有三层含义，简单地说，就是满足组织由小变大的需要、复制粘贴的需要以及标准化和个性化的需要，这对搭建供应链出海组织架构十分必要。

（1）满足组织由小变大的需要：这是可扩展性的基础层面。随着业务的发展和市场的变化，组织需要能够灵活地调整自身的规模和结构，以适应新的发展需求。"由小变大"正是这一层面的体现，组织需要有能力在保持稳定的同时，实现规模的扩张。

（2）实现管理模式的复制粘贴：这一层面体现了可扩展性的高效性。当组织在一个地方取得成功时，能够迅速将这套成功的管理模式复制到其他地方，实现快速扩张和高效管理。"复制粘贴"的管理模式正是这一层面的核心，它有助于组织在全球化过程中保持一致性，提高管理效率。

（3）满足标准化和个性化的需要：这是可扩展性的高级层面。出海企业面对的市场环境复杂多变，不同国家和地区有着不同的文化、法律和市场习惯。因此，组织需要在保持标准化的同时，也能够根据当地的特点进行个性化调整。"标准化和个性化"的需要正是这一层面的关键，它要求组织在全球化过程中既要保持一致性，又要具备灵活性，以适应不同市场的需求。

可扩展性对于出海企业来说非常重要，它让企业能够灵活应对外部变化，帮助企业在全球化过程中保持竞争力。

## 1.4.2 怎样做到具备可扩展性

为了实现供应链组织的可扩展性和灵活性，我们可以从OPPT，即组织（Organization）、流程（Process）、人员（People）和技术（Technology）四个维度进行综合考虑和优化。

### 1. 组织维度

（1）组织架构设计：构建灵活且具备可扩展性的组织架构，如采用扁平化、模块化或项目制管理，确保组织能够迅速适应市场变化和业务需求。同时，明确各部门和岗位的职责与权限，促进组织内部的高效协同。

（2）组织文化培育：塑造开放、包容、创新和协作的组织文化，鼓励员工积极参与组织发展，提出建设性意见。通过定期的文化活动和培训，增强员工的归属感和团队凝聚力，为组织的扩张提供坚实的文化基础。

### 2. 流程维度

（1）流程标准化与优化：建立统一的流程标准，确保不同部门和地区之间能够按照相同的流程进行工作，提高协同效率。同时，定期对流程进行评估和优化，去除冗余环节，引入创新元素，保持流程的灵活性和高效性。

（2）流程文档化与培训：将关键流程文档化，形成标准化的操作手册和流程图谱，便于新员工快速了解和掌握。同时，定期对员工进行流程培训，确保他们熟悉并遵循标准流程，提高工作质量和效率。

### 3. 人员维度

（1）人才培养与储备：建立完善的人才培养体系，为员工提供多样化的学习和发展机会，如内部培训、外部进修、项目锻炼等。同时，建立人才储备库，根据组织发展需求进行人才选拔和储备，确保组织在扩张时有足够的人才支持。

（2）跨文化沟通与协作能力：注重培养员工的跨文化沟通和协作能力，使他们能够更好地适应不同国家和地区的文化环境，与来自不同背景的同事和客户有效沟通与合作。

### 4. 技术维度

（1）数字化平台建设：建立统一的数字化平台，整合组织内外的信息资源和应用系统，实现信息的实时共享和流程的数字化管理。通过数字化平台提高组织的响应速度和协同效率，降低运营成本。

（2）数据分析与决策支持：利用大数据和人工智能技术对数据进行分析和挖掘，为组织提供准确的决策支持和市场预测。通过数据分析洞察市场趋势和客户需求，帮助组织制定更加科学合理的战略和业务计划。

通过 OPPT 四个维度，企业可以构建可扩展性和灵活性强的供应链组织。这种组织能够更好地应对市场变化和满足客户需求，提高企业的竞争力和可持续发展能力。

## 1.4.3 构建"标准化＋本地化＋可扩展性"组织

在很多公司，我们可以看到这样的现象，它们在国内有多个工厂，由于历史原因和地域差异，已经形成了各自独特的组织架构和管理模式。有的工厂聘请了有欧洲背景的经理人，因此采用了欧洲式的管理流程；有的则选择了有日韩背景的经理人，自然融入了日韩的管理理念。这种差异在国内市场或许还能勉强维持，但当这些企业开始供应链出海，试图在全球范围内复制这些模式时，问题就爆发了。

这时就需要采取"标准化+本地化+可扩展性"的组织构建策略，来重塑全球供应链组织架构，以便在保持组织统一性的同时，兼顾各市场的独特性，并确保组织的可扩展性和灵活性，以应对快速变化的市场环境。

## 案例研究

### 龙腾集团的全球化征程与"标准化+本地化+可扩展性"组织构建

龙腾集团，作为国内制造业的佼佼者，近年来积极拓展海外市场，力求在全球范围内建立自己的供应链体系。然而，在出海的过程中，龙腾集团遇到了一个棘手的问题：不同市场、不同经理人带来的组织架构与管理模式差异。

这些差异导致龙腾集团在全球范围内的供应链严重不协同。各子公司之间信息沟通不畅、决策效率低下，甚至出现了相互"扯皮"的情况。更重要的是，随着业务的不断扩张和新市场的开拓，龙腾集团发现现有的组织架构难以迅速适应新的市场需求，组织的可扩展性和灵活性严重不足。

面对这一困境，龙腾集团决定采取"标准化+本地化+可扩展性"的组织构建策略，来重塑全球供应链组织架构。

标准化：龙腾集团首先制定了一套全球统一的供应链管理体系，包括组织架构的基本框架、核心流程、信息系统等。这套体系是龙腾集团全球供应链管理的"基石"，确保了组织的一致性和稳定性。

本地化：在标准化的基础上，龙腾集团充分考虑了各市场的实际情况和文化差异，允许各子公司在遵循全球统一框架的前提下，根据当地的文化、法律环境和市场需求，进行适度的本地化调整。

可扩展性：龙腾集团意识到，要应对快速变化的市场环境，组织必须具备可扩展性和灵活性。因此，他们设计了一套灵活的组织架构调整机制，允许各子公司根据业务发展和市场需求，快速调整组织架构和人员配置。

通过"标准化＋本地化＋可扩展性"的组织构建策略，龙腾集团成功解决了全球供应链组织架构的不协同问题。

这个案例告诉我们，供应链出海时，面临着复杂多变的市场环境和文化差异带来的挑战。要构建一个既统一又灵活、既能适应当前需求又能应对未来变化的全球供应链组织架构，就需要在标准化、本地化和可扩展性之间找到平衡点。

### ▶▶▶ 实战指南

回到本章开头所讲案例，复制粘贴国内成功模式，这是管理惯性，星辉科技这样做肯定不行。管理对象、环境变了，管理方法肯定要随之改变，建议从以下三个方面着手。

1. 本地化与全球化融合

星辉科技应赋予海外子公司适度的自主权，使其能够灵活应对当地市场的复杂变化。同时，总部须构建全球化的协调机制，确保各子公司与总部在战略层面保持高度协同。具体而言，可设立供应链全球治理委员会或跨区域的协调小组，解决出海过程中遇到的各种组织问题，促进不同地区子公司之间的经验交流与问题共治，从而实现资源共享与优势互补。

### 2. 优化汇报与决策机制

针对信息传递的"肠梗阻"问题，星辉科技须建立更为高效的沟通平台与信息传递机制，明确汇报层级。建议搭建实时的信息共享系统，确保信息一致。此外，定期召开跨区域的视频会议，加强面对面的沟通交流，做到认知一致、信任一致，减少误解与隔阂，提升决策效率与协同效果。

### 3. ESG 标准的全球统一与差异平衡

在 ESG 标准方面，星辉科技应在全球范围内推行统一的基本框架与原则，以维护品牌形象与企业文化的一致性。然而，鉴于不同国家和地区的 ESG 要求存在差异，公司也须允许各地子公司根据当地法律法规与实际情况进行适当调整。为此，建议设立专门的 ESG 管理部门，负责深入研究并应对不同地区的 ESG 要求，确保星辉科技在全球运营中既能符合国际标准，又能灵活适应地域差异。

总的来说，星辉科技在供应链出海过程中，应注重本地化与全球化的融合、优化信息传递渠道、寻求 ESG 全球统一与差异的平衡。通过实施上述措施，相信星辉科技能够克服出海过程中的重重挑战。

CHAPTER 2
第 2 章

# 人才配置：突破人才困境，组建跨国团队

人才是第一资源，也是供应链出海成败的关键所在。但现实中既懂供应链专业又懂国际商务的复合型人才奇缺，合理配置人才至关重要，一支高效、专业的国际化团队是企业出海成功的基石。

从专业深度看，这类人才要精通供应链全流程，对采购、生产、仓储、物流、销售等各个环节精准把控。从业务广度看，他们需要了解全球地理知识，规划高效物流方案，提升整体运营效率；同时掌握国际政治动态，有效规避风险，抓住机遇。此外，他们还应具备出色的跨文化沟通能力，以便从容应对复杂场景。

人才配置不是选择题，是业务部门负责人的必答题，是业务部门的核心任务，人力部门提供政策与专业支持，具体工作由供应链负责人落实，企业必须重视并解决这一课题。

## 开篇案例

### 文化冲突，矛盾重重

CPSW 公司计划进入东南亚市场，为了快速融入当地市场，公司决定外派一批经验丰富的管理人员到海外分公司，李经理就是其中一位，

他在国内供应链管理工作中表现出色，以严厉的管理风格和高效的工作能力著称。

然而，当李经理到达东南亚分公司后，他发现自己的管理方式并不受当地员工的欢迎。原来，当地员工更加注重团队合作和个人尊重，对于李经理那种命令式、高压的管理方式感到不适。

有一次，为了赶项目进度，李经理要求员工连续加班。这在国内可能很容易被理解，但在当地却被视为对员工个人时间的侵犯。员工们纷纷表示不满，有的甚至开始消极怠工。李经理对此感到十分困惑和愤怒，他不明白为什么自己在国内行之有效的管理方式在这里却行不通。

员工不接受李经理，李经理抱怨员工太慵懒。最终，由于文化差异和管理方式的不适应，李经理与当地员工之间的矛盾越来越深，导致项目进展缓慢，团队士气低落，公司不得不重新考虑外派人员的选拔和培训方式。

这个案例说明，在供应链出海人才配置中，既要考虑员工的专业能力和经验背景，又要充分考虑其跨文化沟通和团队协作能力，以确保打造出一支高效、专业、国际化的团队。

## 本章导言

### 人才配置，从战略到执行思考框架

从战略层面看，坚持精准匹配与多元互补。供应链出海的人才布局需紧扣供应链出海战略目标，实现专业技能与业务需求的高精度契合。同时构建多元化人才梯队，通过融合不同文化背景、思维方式和年龄层次的人才，形成多维创新视角与协同效应，增强应对国际市场复杂性的适应力。

从执行层面看，坚持"选、育、用、留"四位一体闭环管理。

选拔：推行"高配策略"，坚持"大材小用"策略，优先派遣高潜人才应对出海初期的复杂挑战。建立人才储备池，通过内外双渠道构建人才冗余机制，保障业务连续性。

培育：打造"T型人才"培养体系，纵向强化供应链专业深度，横向拓展跨文化沟通、国际商务等复合能力。设计个性化培训和职业发展通道，实现人才增值与企业战略的同步进化。

任用：构建"全球—本地"人才协同网络，外派精英与本土专才形成能力互补。建立战略导向的绩效管理体系，通过目标分解与激励机制，将个人贡献转化为战略推进力。

留存：实施三维留人机制——感情留人（塑造包容性组织氛围）、事业留人（提供全球化发展平台）、待遇留人（设计长效激励方案），构建人才与企业命运共同体。

通过战略牵引与执行保障的双轮驱动，企业可构建兼具专业深度、文化宽度和发展弹性的全球化供应链人才体系。

## 2.1　如何构建全球供应链团队

人才配置是业务部门的大事，人力资源部门会提供专业流程及支持。业务部门需要在人力资源部门的指导下，完成人才画像勾勒、岗位说明书编写、能力素质模型构建。搭建团队、配置人才、提升组织能力，这些都是对于供应链各条线经理来说极为重要的工作，在初始阶段尤为关键。一线管理者的配置以及他们的管理能力是企业出海是否成功，以及本地化是否成功的关键。

### 2.1.1 合理搭配外派人才与本地人才

外派人才与本地人才各有优势，有各自的角色和定位。供应链出海初期，一定会外派部分员工，但很多国家对外资公司有必须雇用一定比例的本地员工的要求。在供应链出海过程中，合理搭配外派与本地人才比例至关重要，这涉及多方面因素，需根据任务综合考量。

#### 1. 政策法规：合规运营的基石

不同国家对外资企业员工构成的要求差异显著。新加坡规定，企业每申请1个工作准证（WP）外籍员工，需配备5个本地员工。埃及则限定外资企业外籍员工比例不得超过10%，特殊情况可申请至20%。即便欧美国家无明确比例要求，企业也必须严格遵循当地劳动法。

另外，特定岗位的人才配置需要灵活调整。对于敏感行业，为确保合规与安全，应重用本地人才；对于关键技术研发岗位，可外派熟悉核心业务的人员指导本地团队。

#### 2. 岗位需求：适才适用的准则

外派员工肩负着传递总部政策、协调资源、沟通总部与跨部门事务、部署工作的重任。关键技术和管理岗位外派经验丰富者，能有效传承核心技术与管理理念。本地员工在与当地客户频繁互动的销售、市场等岗位上优势突出，他们熟悉本土市场，易于建立客户关系。选拔认同公司价值观的本地员工担任管理职务，可提升团队凝聚力与管理效能。

#### 3. 业务发展：动态调整的依据

供应链出海初期，为导入公司文化、管理模式与核心技术，规范运营流程，外派人员比例可适当提高。进入稳定发展阶段后，增加本地员工占比，既能降低人力成本、简化管理，又有助于企业融入当地，实现可持续发展。

**4. 人才储备：长远发展的保障**

若当地人才储备不足，短期内可适量增加外派人员，但要同步制订本地人才招聘与培养计划。长期来看，企业应构建完善的培训与晋升体系，为本地员工提供成长空间，增强其归属感，实现人才本地化。

**5. 多元人才：跨越文化的桥梁**

企业可吸纳出海国家的中国留学生、海外华人华侨，以及该国来华留学生。他们因成长经历或留学背景，对双方语言和文化都有深入了解，能在企业与当地之间搭建起有效的沟通桥梁。同时，可从外资公司挖掘职业经理人，这些人往往积累了丰富的国际化企业管理经验。

对于这类多元人才，企业务必充分信任并大胆授权，当然，这些人也要能迅速融入国内企业。若仅从国内选择几个外语能力出色的人才派驻海外，他们对当地市场环境、商业规则、文化习俗等缺乏了解，会经历较长的适应期。在出海初期，时间至关重要，这种较长的适应过程无疑会严重阻碍业务的快速推进。选择什么样的海外管理者，如何搭配人才，成为供应链出海成功的关键。

## 2.1.2 定制化培训：培养需要的人

出海企业要想培养适配的人才，得重视定制化培训这一关键环节。毕竟不同国家、文化、阶段以及岗位，对人才能力有着独特要求。

定制化课程开发，需紧密围绕企业战略地图以及供应链人才的能力地图或素质模型展开。对比现有能力水平，精准找出能力缺口，一种高效的途径是萃取岗位知识图谱，据此来开发课程，使员工能力与工作任务相匹配。这是企业知识管理的有效方法，也是精准培训的关键形式。

另外，出海企业需建立全球供应链人才库，且要保有一定冗余。可借鉴供应商库建设思路，构建人才供应链。有一点要明确，培训绝非福利，而是任务，供应链管理的每个岗位都必须经过培训。

---

**经验分享**

### 定制培训，定制战斗力

人才培训是提升团队战斗力、推动业务发展的关键一环。结合我的经验，以下几种定制化培训形式，可以精准培养人才，有效提升战斗力。

#### 1. 针对特定个人与岗位

我在一汽集团时的老领导陆林奎，他在就任德国大众高级领导前，在沃尔夫斯堡接受了6个月的培训，熟悉各项事务。我入职沃尔沃时也前往瑞典参加了专项培训。对于出海企业从当地招聘的员工，可以邀请他们到中国总部，依据岗位需求开展定制化培训，让他们快速掌握工作要点。

#### 2. 新人入职培训

我曾就职的德尔福（DELPHI）公司，它会给每个新人安排"入职导向培训"，涵盖企业文化、规章制度、业务流程、岗位要求以及需联络的人员等内容，帮助员工快速融入、找准定位，不需要自己"坐冷板凳"慢慢摸索和熟悉。我访谈奥托立夫的几位高管，他们都对自己加入公司时的培训记忆犹新，比如由资深经理介绍自己的职业经历，介绍有什么事情时找谁，感觉一下子就融入了这家公司。

#### 3. 针对特定任务的培训

我担任一汽集团驻莫斯科办事处首席代表前，一汽组织了"赴俄罗斯经贸人员培训班",脱产学习一年,由吉林大学教授讲授国际贸易专业的 10 门核心课程,还有俄罗斯专家培训俄语和俄罗斯文化,让我很快掌握了赴俄罗斯从事国际贸易的全景知识,我当时的感觉是"在眼前打开了一扇窗"。

**4. 使命、愿景的培训**

使命、愿景,乍听可能让人觉得比较虚,但这些公司通过持续不断的培训和践行,让员工真切感受到在这样的企业工作很有意义。欧美大公司非常重视对员工进行使命、愿景、价值观方面的培训。

以奥托立夫为例,其使命是"为移动和社会提供世界级的救生解决方案"(To provide world-class, life-saving solutions for mobility and society)。原本聚焦于汽车领域,如今转向聚焦移动出行设备(mobility)。总部确定新的使命之后,两三天内就将信息传达到全球各地的基层。

另外,许多外国公司十分重视企业成长经历的培训。走进它们的公司大厅,常常能看到公司创业时的产品展示以及创始人相关介绍。这些元素承载着企业的发展历程,容易激发员工的情感共鸣。其实,中国企业同样拥有众多励志的创业故事。展示的内容可以是一件有特殊意义的产品,也可以是创业初期简陋的茅屋。因此,在对海外新员工进行培训时,也应充分利用这些素材,展示企业的发展脉络,增强海外员工对企业的认同感与归属感。

## 2.1.3 名义雇主:雇用适合的人

名义雇主(EOR)雇用方式,是指企业在海外市场无须设立实体公司,而是借助专业的 EOR 服务提供商来雇用和管理当地员工,EOR 服务提供商作为名义雇主承担当地的法律、税务和人力资源管理等责任,而企业则实际掌控员工的工作内容和业务管理。

对于供应链出海来说，以下场景非常适合采取 EOR 雇用方式。

（1）快速进入新市场：当企业计划开拓新的海外市场时，对当地的法律法规、劳动政策、人力资源市场等情况尚不熟悉，企业可以借助 EOR 服务提供商的专业知识和经验，快速在当地实现合规雇用，节省了解和适应新环境的时间和精力，迅速组建当地的供应链团队，开展业务。

（2）降低初期运营成本：在供应链出海的初期，设立海外实体公司需要投入大量的资金用于注册、办公场地租赁、设备采购、人员招聘等。而选择 EOR 雇用方式，企业无须在当地设立实体，只需与 EOR 服务提供商合作，由其负责当地员工的雇用和管理，可显著降低初期的固定成本和运营风险。

（3）灵活调整人力资源配置：在供应链出海过程中，企业的业务需求可能会随着市场变化而波动。EOR 服务提供商可以根据企业的实际需求，快速调整雇用员工的数量、工作时间和工作内容等，使企业能够灵活应对市场变化，优化人力资源配置，提高效率。

（4）应对复杂的法律和税务环境：不同国家和地区的劳动法律法规、税务政策等存在很大差异，企业如果自行处理，可能会面临法律风险和税务问题。EOR 服务提供商具有专业的法律和税务团队，能够确保企业在当地的雇用活动完全符合法律法规要求，避免潜在的法律纠纷和税务处罚。

（5）吸引和留住全球人才：有些地区可能拥有企业所需的特定专业人才，但企业在当地没有实体或知名度较低，直接招聘可能存在困难。EOR 服务提供商可以利用其在当地的资源和品牌影响力，帮助企业吸引和招聘到这些人才，并提供符合当地市场水平的薪酬福利和职业发展机会，从而提高企业对全球人才的吸引力和竞争力。

（6）短期项目或特殊任务：对于一些短期的供应链项目或特殊任务，

如在海外进行市场调研、产品推广、临时的生产任务等，企业不需要长期雇用大量员工。使用 EOR 雇用方式可以灵活地雇用当地员工完成特定任务，任务结束后即可终止雇佣关系，无须承担长期的人力成本和管理责任。

对于短期需求的高端专业人才，还可以根据任务需要，找到最专业的自由职业者，这些自由职业者可以作为短期或长期顾问为企业提供专业的服务。此时，全职员工要成为项目经理，将工作任务分解为一个个可以交付且可以度量的子任务，交给自由职业者去完成。一定要相信，高手在民间。这种方法表面上看成本高，其实不然。其中的道理，参见笔者《供应链 2035：智能时代供应链管理》一书。

## 2.2 如何解决跨文化沟通问题

供应链出海，就要与不同国家的人打交道，由于大家语言不同、文化不同、习惯不同，因此沟通成为供应链出海四大挑战之一。某种程度上说，沟通也是最大的挑战，因为管理就是沟通、沟通、再沟通，沟通绝不是会说外语那么简单，更不是找个外语翻译就行。为了更好地处理与总部沟通协同的问题，跨文化沟通成为跨国团队成功的关键。

### 2.2.1 开展文化敏感性培训

什么是文化敏感性？在对供应链出海领域人士的访谈中，一位受访者分享了 NBA 太阳队前老板罗伯特·萨沃尔的案例。

萨沃尔在 2013 年的一场私人电话会议里，提到黑人同事时，竟直接使用了种族歧视词汇"Nigger"。可谁能想到，会议内容后来遭泄露。

此前在 2009 年左右，在太阳队办公室这一公开场合，萨沃尔也多次发表包含种族歧视和性别歧视的不当言论。

要知道，美国社会对种族问题极度敏感，这一事件曝光后，瞬间点燃黑人群体的怒火。他们深感尊严受辱，纷纷在社交媒体表达愤怒与不满。此事迅速发酵，引发社会各界的关注与热议。大众一致谴责萨沃尔的不当言行，强烈要求他公开道歉并弥补过错。

面对如此巨大的舆论压力，NBA 联盟迅速介入调查此事。经过深入调查与审慎考虑，联盟最终做出了严厉的处罚决定。罗伯特·萨沃尔被禁止进入自家球队的场馆，同时被处以 1000 万美元的巨额罚款。更为严重的是，NBA 联盟还强制要求他出售自己手中的太阳队股份，彻底离开这支他曾深爱的球队。

受访者特别强调，这一案例警示我们跨文化交流要注意语言使用。中文里常用的口头语"那个"，发音与"Nigger"有相似之处。虽说在中文语境里，"那个"毫无歧视意味，可在与黑人朋友交流时，若频繁使用，很可能因发音相近，让对方误会而感觉被冒犯。日常交流中，我们往往意识不到这类问题，但一个不小心，就可能破坏沟通氛围、影响关系。

与不同国家的人一起工作，不同文化间的碰撞无处不在，语言使用上的细微差别都可能引发严重后果。作为供应链管理人员，需要与来自不同文化背景的合作伙伴、客户以及员工展开有效沟通与合作，所以文化敏感性培训至关重要。可安排员工参与跨文化培训课程，聚焦不同国家的文化习俗、价值观、商务礼仪与沟通风格等内容，通过案例、模拟场景等助力员工洞察文化差异，提升跨文化敏感度与沟通能力，减少协作中的文化冲突。

有一位受访者特别提到，他们公司在对外派人员进行培训时，着重强调了一些注意事项。严禁当面辱骂外国人，切不可抱有对方听不懂的侥幸心理。要知道，人们对骂人的话语极其敏感，即便语言不通，也能从表情中察觉恶意。更不能教外国人怎么用中国话骂人。这类不当言语极有可能破坏原本和谐的沟通氛围，给工作带来不必要的麻烦。

## 案例研究

### 双向培训，链通全球

中兴通讯已实现全球化运营，业务遍布多国，在供应链出海过程中积极开展培训应对文化冲突。拓展欧洲市场时，针对当地中方员工及外派国内员工，组织了系统培训项目。培训内容丰富实用，专业讲师剖析欧洲各国文化特性，如德国人的严谨、法国人的浪漫等，让员工明晰差异；借助实际案例分析，使员工体会不同文化背景下商务和沟通的区别；还通过小组讨论、模拟谈判等互动方式，让员工掌握跨文化沟通合作方法。

中兴通讯还打造了跨文化沟通指南，收集整理各国在商务、工作、社交等方面的文化特点编成指南，分发给相关员工以方便查阅学习，提升沟通准确性、有效性，避免文化冲突，同时将出海目标国家情况汇集成手册，让培训更规范。

尤其值得一提的是，中兴通讯的文化敏感性培训双向开展，既培训外派员工，也邀请海外员工来华培训。如2024年，30余名来自20多个国家的海外工程师相聚南京参加技术培训，除学习研讨、实地参观外，还进行深入的文化交流，如组织巴西员工参观南京记忆文化展览馆感受中华文化，员工们借此增强了文化认知，强化了使命感。

我借鉴众多公司出海培训经验，编写了一个国家手册模板，具体参见附录。

## 2.2.2 建立文化大使制度

为了传播跨文化沟通的最佳实践，可以选拔或招募在跨文化领域有丰富知识、良好沟通能力且对不同文化有深刻理解的员工担任跨文化大使。他们主动传播跨文化知识，协调处理因文化差异引发的矛盾，为跨文化沟通提供专业建议与指导，助力大家更好地应对跨文化冲突。

以下是一位学员在课堂上给大家分享的生动故事。

他在印度的办公室跑出来一只老鼠，他请印度下属帮助"处理掉"。结果第二天，老鼠又来了。他又让下属帮助"处理掉"，结果第三天，老鼠又来了。他十分不解，就问印度下属是怎么处理的。下属回答：放生了。

原来，在印度西部的拉贾斯坦邦，有一座卡尔尼·玛塔神庙，这里的老鼠被视为神圣的存在。信徒们认为这些老鼠是女神卡尔尼·玛塔的化身，或是她后代转生为鼠的形式。因此，这些老鼠在神庙中享有极高的地位，不仅受到人们的尊敬和保护，还有专门的庙宇供它们生活。此外，信徒们还会定期为这些老鼠准备食物，并认为享用老鼠吃剩的食物是种很高的荣誉。

对于出海热门国家，我梳理了"出海热门国家禁忌行为"，具体见附录。

为了解决这些跨文化沟通问题，很多公司尝试建立文化大使制度，在这方面，海尔给大家提供了实践模板。

### 案例研究

#### 跨文化大使，泰国工厂的"和事佬"

构建全球供应链体系进程中，海尔推行跨文化大使机制化解跨文化冲突。在泰国工厂，一位具有丰富海外生活经历、深谙泰国本土文化与海尔企业文化的中方员工出任跨文化大使。

工作中，跨文化大使向派驻泰国的中方管理人员、一线员工介绍泰国文化习俗，包括对佛教的尊崇、工作场合禁忌，以及注重礼貌、委婉表意的沟通风格，助力他们快速融入，规避文化误解。

当文化差异引发矛盾，如中方管理团队秉持"效率优先"，要求加快工作节奏，致使泰国员工抵触时，跨文化大使迅速介入。他向中方团队说明泰国员工偏好轻松和谐的工作氛围，建议调整管理策略；同时向泰国员工阐释中方的要求旨在提升整体生产效率，保障全体利益，促使双方达成更优工作模式。

### 经验分享

#### 尊重差异，消弭误会

我在外企工作时，发现外国员工大事小事都喜欢发邮件。看到邮件满天飞，我有点奇怪，因为在国内大家习惯口头沟通，觉得这样迅捷高效。可是在这些外国员工眼里，书面沟通信息明确，可检索追溯。因此，我建议跨国沟通时，一定要在口头沟通之后，不忘再书面沟通确认。

另外，我发现一些外国员工特别强调计划性。要约外国员工开一个会，他们会立刻查看日程表，日程表里列满了全年工作安排，定了之后，绝不轻易变化。如果你要做调整，他们会很不开心，因为这打乱了他们原来的工作安排。反观有的领导，特别喜欢临时起意，觉得这样才彰显行动力。建议大家，无论见谁，最好都预约沟通，加强计划性，否则可能会出现一些误会。我听到一位受访者跟我讲，国内某企业大领导，到国外子公司视察，想约下属高管交流，结果这个高管说，他要休假去了。

在中外合资公司工作时，我发现我们常常因为语言便利只召集中国人一起开会。外国员工看到一群中国人聚在一起，却不知道在开什么会，这就经常引发误会。所以，当供应链出海时，公司开会应遵循正常流程，不要只是中国人与中国人交流，涉及工会相关事宜也应正面与外国员工沟通，更不要有所避讳，不然反而容易产生误会和冲突。

### 2.2.3　举办多元文化活动日

文化差异和冲突是跨国团队不可避免的问题。为了更直观地理解跨文化冲突，我们可以看一个具体的案例，在一次大学食堂的晚餐中，美国学生肯尼斯与穆斯林学生阿米尔共同进餐。由于肯尼斯不了解伊斯兰文化中对左手使用的禁忌，他无意间用左手递给了阿米尔一块比萨，这导致了阿米尔的不满。这一事件清晰地展示了文化差异如何导致误解和冲突。

为了解决这个问题，可以定期举办多元文化活动日，鼓励员工分享各自国家或地区的特色文化，像美食、传统服饰展示、民俗表演等。这不仅能营造轻松愉快的跨文化交流氛围，增进员工之间对不同文化的直观认识与好感，还能拉近彼此距离，打破文化隔阂，增强整个供应链团队的凝聚力，让跨文化合作更加顺畅。

**案例研究**

多元文化，链动联想

联想在全球供应链布局中，海外基地众多，员工具有不同的文化背景。为了促进跨文化融合，缓解跨文化冲突，联想在其部分海外工厂和办公地点定期举办多元文化活动日。

以联想在美国北卡罗来纳州的一处生产基地为例，这里汇聚了来自美国本土、中国、印度、墨西哥等多个国家的员工。每个月会选定一天作为多元文化活动日，在这一天，员工们被鼓励带上代表自己国家文化特色的物品或者准备相关的表演。

美国员工带来了传统的橄榄球装备，讲解橄榄球运动在美国文化中的重要地位以及相关的团队协作精神；中国员工展示了书法、剪纸艺术，还分享了春节等传统节日的习俗和背后蕴含的文化寓意；印度员工则身着绚丽的民族服饰，表演了具有民族特色的舞蹈，并介绍了印度的宗教文化对人们生活和工作的影响。

通过这样的多元文化活动日，不同文化背景的员工之间增进了对彼此文化的了解与欣赏，原本因文化差异产生的隔阂逐渐消除，在日常供应链工作中（像生产线上的协同作业、物料调配沟通等环节），员工之间能更加理解和包容对方，团队氛围更加融洽，大大提高了供应链出海运营的整体协同性。

## 2.3　如何营造开放、包容、创新的文化氛围

供应链出海，身处异国他乡，不要去寻求改变对方的文化习惯，而要尊重彼此间的差异。尊重别人的文化才会获得别人尊重，互相尊重才能协同工作。这需要我们转变观念，主动作为。作为领导，要以身作则，营造包容、尊重的文化，作为成员，要入乡随俗，主动适应融入当地。一个开放、包容的团队能够吸引和留住多元化的人才，激发创新活力和凝聚力。

## 2.3.1 不要人为夸大文化差异

很多在跨国公司工作过的人或许有这样的感受:从生活层面来看,文化差异较为显著;但从管理角度而言,文化差异对全球化的实际影响并没有想象中那么大。在探讨多元团队与文化差异时,我们不应人为夸大这种影响,特别是在管理层面,不能因文化差异就在管理上畏缩不前,不要过度区分中国人、外国人,更不要随意给员工贴上地域标签。仅凭员工的出身地域,就主观地将一些片面、刻板的特质或行为模式归结到他们身上,而忽略了个体的独特性和多样性,这种做法不仅有失公平,还会破坏团队的和谐氛围,阻碍成员间的有效协作与沟通。

### 1. 管理的相通性:基于共同的人性本质

管理,无论在哪个文化背景下,其核心都是对人的管理。人性中的基本需求和特点,如自尊、责任感、嫉妒和贪婪,是普遍存在的。这些共性为管理提供了通用的基础,使得不同文化背景下的管理者能够找到共同的管理方法和原则。从这个角度来看,管理是相通的,可以忽略文化的差异性。

### 2. 全球管理文化的形成:源于实践的通用方法

随着全球化的深入发展,一套被广泛认同的企业管理方法逐渐形成。例如,MBA教育、精益管理、目标管理和六西格玛等方法,都是全球通用的管理工具和理念。这些通用的管理方法和文化的普及,有助于减少文化差异对管理实践的影响,使得不同文化背景下的企业能够采用相似的管理手段,提高管理效率和效果。

### 3. 专业性认同:跨文化的管理共识

在全球化的背景下,专业性成为衡量企业管理水平的重要标准。即使在一些全球化程度相对较低的国家，人们也普遍认识到更专业的管理方法和工具的重要性。这种对专业性的认同，有助于推动全球管理文化的进一步融合和发展。

4. 文化差异的相对性：沟通可以消除分歧

虽然文化差异确实存在，但其对管理的影响并非绝对。在很多情况下，文化差异可以通过有效的沟通和协作来克服。例如，通过培训和文化交流活动，团队成员可以增进对彼此文化的了解和尊重，从而减少因文化差异导致的误解和冲突。此外，一些全球性的管理方法和工具也可以作为桥梁，连接不同文化背景下的团队成员，促进团队协作和共同发展。

由此可见，我们不应人为地夸大文化差异对全球化的影响。在管理层面，管理的相通性、全球管理文化的形成、专业性认同以及文化差异的相对性等因素，都为我们提供了克服文化差异、实现全球化协作和管理的可能。因此，在跨文化的工作中，我们应该更加注重挖掘和利用不同文化背景下的共同点和优势，推动团队的协作和创新发展。

### 2.3.2 要把本地员工当成自己人

跨国企业团队管理的核心要点在于将本地员工与外派员工同等对待，视本地员工为"自己人"，彻底摒弃"两张皮"的运作模式，这是打造高效团队的关键所在。

所谓"两张皮"，是指跨国企业进行管理时，本地员工与外派员工仿佛分属不同体系。决策上，外派员工话语权多，本地员工的意见常被忽视；资源分配时，外派员工优先获得优质资源，本地员工难以获得；职业发展上，外派员工晋升容易，本地员工受限多。这种差别对待，会让本地员工有疏离感与不公平感，降低工作积极性与忠诚度，还会造成团队沟通不畅、协作困难，影响企业运营效率与发展。

一个运作良好的组织，本应是全体成员围绕共同目标齐心协力。但在本地化团队建设时，常因处理失当，致使中方团队与本地团队出现割裂，人为地划分出"我们"与"他们"，这种对立极大地妨碍了团队间的有效合作。

在企业出海初期，中方员工往往凭借语言及文化背景优势，在信息获取与管理沟通方面占据有利地位，不过绝不能以此为由将本地员工隔离在外。企业应积极行动，保障所有员工，不分中外，都能在平等基础上参与决策、开展团队合作。

为规避"两张皮"现象，企业需要着重落实以下几方面举措。

其一，确保平等地位。外派员工与本地员工在信息获取、工作机会以及参与决策等诸多方面，都要享有毫无差别的平等待遇，从根源上消除可能引发对立的因素，营造公平公正的工作环境。

其二，做到统一决策。在决策过程中，要充分倾听并高度尊重本地员工的意见和建议，杜绝在非正式场合（如宿舍会议这类）进行重要决策，务必保证决策过程透明、公正，让所有员工都能认可决策结果。

其三，推动文化融合。积极促进中外文化的相互交流与融合，借助团队建设活动、文化培训等方式，增进员工之间的相互理解与尊重，进而塑造统一的团队文化，增强团队凝聚力。

其四，完善沟通机制。构建起行之有效的沟通体系，确保信息能在团队内部顺畅传递，不管是中方员工还是本地员工，都可及时获取所需信息，顺利参与团队决策，提升团队协作效率。

从过往经验来看，欧美公司在中国发展受挫，很多时候就是因为决策权集中于海外总部，未能充分给予中国团队因地制宜做决策的权力。

要知道，中国市场有着独特的消费文化、营商环境以及政策法规等，缺乏相应决策权，团队便难以迅速灵活应对市场变动，从而错过诸多发展契机。当下外企大量任用中国员工，正是期望借助他们对本土的深入了解来更好地融入并开拓中国市场。

同样，中国企业出海也面临类似问题。国内部分企业老板习惯大权独揽，不愿放权给职业经理人，出海后又难以真正信任外国员工，未将其当作自己人，这反映出跨文化信任机制构建的缺失。在海外经营中，不同国家的客户有着各异的诉求与做事风格，若企业总是将客户要求视作故意刁难，把当地政策当成是卡脖子的手段，必然会阻碍自身与当地市场的融合，影响业务拓展。

可见，无论是外企进入中国，还是中国企业出海，都需要打破这种思维局限，积极构建跨文化的信任机制，充分授权当地团队，以开放、包容、理解的心态去适应并融入当地环境，尊重不同的市场规则和客户需求，如此才能更好地在国际市场立足并发展。

### 2.3.3　领导要以身作则

在供应链出海进程中，多元文化不断碰撞交融。打造开放包容且具创新性的文化，对企业的稳健发展与持续进步极为关键，而这离不开领导以身作则，发挥积极的引领作用。

1. 以身作则，践行尊重包容

领导要在日常工作中，用实际行动诠释对团队成员的理解与尊重。在讨论决策时，充分考量不同文化背景成员的建议，为他们提供平等发声的机会。在资源分配、任务安排上做到公平公正，不因文化差异有所偏向。以自身行为让团队成员感受到文化多样性的价值，营造开放包容的氛围，为文化多样性的发展筑牢根基。

### 2. 鼓励表达，拥抱多元观点

一方面，搭建开放的沟通平台，鼓励团队成员不论职位高低，都要勇敢表达想法。通过定期开展线上线下相结合的头脑风暴，规定不得打断他人发言，激发全员创新思维。另一方面，积极引导团队成员接纳不同观点，哪怕这些观点与主流观念冲突。认识到不同文化背景下产生的多元思维，是解决复杂供应链问题的宝贵财富。

### 3. 建立容错文化，鼓励创新尝试

领导要鼓励团队成员大胆尝试新想法，设立专项"创新尝试基金"，支持高潜力创新项目。即便项目失败，也不予以惩罚，而是引导成员正确看待失败。当创新受挫时，及时组织复盘会议，从技术应用、市场需求把握、团队协作等方面深入分析，总结经验教训，避免再次犯错，推动团队在试错中成长。

### 4. 打造多元化团队，促进文化交流

招聘时，优先考量跨文化工作经验、多语言能力，积极引入具有不同文化背景的人才。组建项目团队时，特意搭配不同专业、经验、文化背景的成员，发挥多元优势。定期举办"跨文化交流月"活动，邀请不同国籍的行业专家、团队成员分享各地商业习俗、工作技巧等。通过深度交流拓宽团队成员视野，促进不同文化在团队中的融合。

### 5. 倡导包容性文化，关怀每一位成员

尊重团队成员在文化、性格、工作方式上的差异，一旦发现歧视、偏见行为，立即严肃处理。关注成员身体、家庭等的特殊情况，合理调

整工作安排。设立"团队友爱奖",对在工作中互帮互助、促进团队和谐的成员予以表彰,营造温暖有爱的团队氛围。

**6. 开展创新活动,激发团队活力**

定期组织"供应链角色互换"活动,让采购、销售、物流等岗位成员体验不同工作视角,增强同理心与协作力。每月举办团队研讨会,设定如"供应链绿色转型策略"等主题,鼓励成员分享经验。建立线上读书群,定期推荐跨文化、供应链创新相关书籍并组织讨论。针对供应链成本控制、效率提升等难题,举办创意工作坊,激发成员创新思维,共同探寻解决方案。

## 2.4 海外员工考核与个性化激励

在企业出海战略中,管理供应链团队面临两大核心挑战:构建全球统一的考核标准及个性化薪酬激励制度。特别提一句,激励不专指物质,更多是指精神。我们看到有很多欧美公司争相参评"最佳雇主奖",这值得我们学习借鉴,企业要在各种细节处体现出对员工的亲切关怀。

### 2.4.1 统一全球考核标准

公平公正是有力的激励手段。供应链团队成员来自全球,建立全球统一的考核标准极为关键。该标准要依据公司战略目标与期望成果,明确团队成员关键职责与期望表现,以此客观公正地评估工作表现。

全球统一考核标准侧重考核流程和方法的一致,并非要求具体考核指标、薪酬标准完全相同。考核流程和方法应简便易行,避免繁杂,这样既能降低操作成本,提高考核效率,还能保障全球团队协作顺畅。

1. 构建统一考核框架

构建全球统一的考核框架，明确考核周期、考核步骤、数据来源、参与人员等关键要素。制定标准化流程，包括目标设定、计划制订、绩效执行、评估与反馈等环节，确保全球各分支机构遵循相同的流程。统一考核流程有助于确保评价的公正性和可比性，同时也有利于全球团队之间的协作和沟通。要特别注意为本地员工设置职业规划和晋升通道，这是跨国公司的管理法宝。

2. 设定统一考核指标

设定考核指标要以企业出海战略目标为导向，根据企业战略目标，设定关键绩效指标（KPI），确保考核与战略紧密相关。尽量采用可量化的指标，确保考核结果的客观性和可比性。考核指标应全面覆盖工作成果、行为表现等多个维度，确保评价的全面性。考核指标应涵盖团队成员的关键职责和期望成果，如成本控制、交货准时率、客户满意度等。

3. 采用统一考核方法

考核方法需以公司战略目标与核心价值观为基准，保证所有团队成员都依据相同的方法和标准接受评价。可以结合不同岗位的特性，灵活运用 KPI 考核、OKR、360 度反馈、目标管理等多元评估方式，最大程度减少主观偏见与歧视，确保考核公平公正。

4. 建立统一且透明的反馈机制

建立统一且透明的反馈机制至关重要。考核结束后，需及时将结果反馈给被考核者，详细解释评价结果，认真听取其意见和建议，确保对方能够"心服口服"。

另外，关于绩效考核，很多中国公司突出"个人绩效考核"，多为负激励，这会导致每个员工只关注自己的 KPI，严重破坏团队协同性。不妨多多借鉴欧美公司经验，在考核组织绩效中注重正激励。考核的目的不应仅仅停留在评判员工表现上，而是要依据反馈结果，为员工制订有针对性的改进计划，切实帮助员工提升工作绩效。积极心理学认为，帮助下属成功，能让下属获得成就感与提升自我效能感，这是对下属的强大激励。

### 2.4.2 布置工作，要符合 SMART 原则

管理本地员工是一项颇具挑战的任务。由于文化背景、工作习惯以及宗教信仰等方面存在差异，中国管理者常常会觉得部分本地员工较为懒散、悠闲，没有时间观念，不如中国员工那样"吃苦耐劳"。例如，一些有宗教信仰的员工，每天需要在固定时间进行礼拜，这在一定程度上影响了工作节奏。泰国文化强调"Sanuk"（意为快乐、愉悦），推崇工作与生活的平衡。在德国，如果公司设有劳资委员会，加班通常需要经过其批准。同时，根据德国《工作时间法》规定，除法定特例外，不允许要求员工在周日及法定休假日加班，如果需要员工加班，公司也必须向工会提出申请。

面对这些情况，运用 SMART 原则布置工作是一种行之有效的解决办法。SMART 原则强调工作目标要具体（Specific）、可衡量（Measurable）、可达成（Attainable）、相关联（Relevant）、有时限（Time-bound）。通过遵循这一原则，能够让本地员工对工作要求有清晰、明确的理解，从而更有效地完成工作任务。

## 经验分享

### 跨国管理小秘诀

管理不同国家、背景的员工，是众多管理者面临的紧迫难题。下面通过三个实战案例，为大家提供实用的解决思路。

**案例一：跨国团队融合之道**

我的一位同学在澳大利亚负责管理几百名当地员工。我问他，作为团队里唯一的中国管理者，感觉在澳大利亚和在中国管理有什么不一样。他不假思索地说："工作节奏太慢了，假期又多，一到下班时间就走，想让他们加班太难了。"

后来，我总结了他分享的经验，有两条：其一，人性在很多方面是共通的，无论哪个国家的员工，都渴望得到尊重，喜欢真诚待人、公平公正。利用这些共通性进行管理，能有效增强团队的凝聚力。其二，基本的管理规则是互通的，MBA管理理念大多都适用，关键在于灵活运用。

**案例二：远程管理策略**

我担任全球采购经理时，向远在瑞典的上级汇报工作，他半年才和我见一次面。如果在国内，很多领导与员工几天不见面就觉得失控了，不知道下属在干什么。我的上级，他靠建立高效的沟通和工作机制，实现远距离有效管理。这让我明白，管理的关键在于完善的机制，而非时刻面对面地监督。

**案例三：大规模团队管控秘诀**

一位跨国公司的亚太区采购总监仅配一名助理，却能把亚太区几十个工厂管理得井井有条。他的管理重点是规范汇报机制：固定汇报格式，让关键信息清晰；设定固定汇报周期，便于提前规划和跟进；标准化汇报内容，避免信息误差。布置工作时，他还注重双向沟通，充分交流达成共识，获取员工承诺，让工作尽在掌控。

总的来说，这些成功案例的共同点是：用SMART原则布置工作，严格规范汇报机制，通过双向互动制订工作计划并达成共识。这些策略能为供应链出海中的跨国员工管理，提供可行的方法，助力管理者突破管理困境，提升管理效率。

除了运用SMART原则布置工作外，管理者还需要充分尊重本地员工的宗教信仰和文化习俗，合理安排工作间隙。同时，要改变对本地员工的刻板印象，不要把管理中国员工的方法生搬硬套在管理本地员工上，要充分沟通，接纳不同的工作风格，让他们感受到被尊重。

### 2.4.3　解决不同地区薪资差异问题

全球化团队成员背景多元，对薪资与激励的需求各异。构建兼具统一性和差异化的薪酬激励体系十分必要，最终目标是实现"企业出海成本可控、外派员工激励充足、全球团队稳定协作"的三角平衡。

对于外派员工，可参考国际通用框架并结合自身特性制订方案，以下供参考。

▶▶▶ **实战指南**

**全球化团队个性化薪酬激励方案**

1. 设计原则

综合考量岗位价值、外派难度和员工贡献，确保外派员工与国内、当地员工的薪酬差异合理。同时，让薪酬具备市场竞争力，并依据不同国家和地区的经济、文化、安全等因素，动态调整薪酬，以适应复杂的海外环境。

## 2. 薪酬结构

（1）基础薪资：运用平衡表法，以国内薪资为基准，参考美世生活成本指数，依据外派国家物价指数补足消费差异，企业承担额外税负；采用地区系数法，为不同地区设置系数，如美国1.5、东南亚0.9～1.2、非洲0.8～1.0，与国内基础薪资相乘后结合当地市场校准。

（2）外派津贴与补贴：为艰苦地区员工发10%～30%薪资的津贴；按当地租房水平提供住房补贴；随汇率和通胀调整生活成本补贴；给带家属员工补贴子女教育、配偶随迁费，每年提供2～3次探亲假机票。

（3）绩效与长期激励：根据项目成果发放项目奖金；采用虚拟股权分红，按海外项目利润给予员工现金；从成本节约中提取5%～10%设立专项奖金池；承诺外派结束后依据员工表现晋升或保留职级。

## 3. 差异化策略

按国家类型：发达国家侧重生活成本补贴和税收平衡，基础薪资对标中高水平；新兴市场薪酬略高于当地，提供职业发展机会；艰苦地区发高额津贴，1～2年轮换，提供安全、医疗和心理辅导。按外派时长：短期派遣（≤2年）以津贴为主，保留国内薪资结构；长期派遣（>2年）基础薪资逐步与当地挂钩，合理增长。

---

**经验分享**

### 藏在细节里的人文关怀

供应链出海是极具挑战性的开拓工作，需要能力卓越、富有创新精神的管理者。我曾了解到一家企业派遣一些年轻有为的管理者负责海外业务，他们中有的离开新婚的妻子，有的别离三岁的儿子，不仅要应对复杂多变的市场环境，还要跨越文化差异的鸿沟，其中艰难超乎想象。在跨国公司的从业经历，让我深刻领悟到，于外派人员管理而言，细节处的人文关怀可能超过物质。

部分企业过度推崇奋斗者文化，一味强调吃苦耐劳，这无疑会削弱员工的归属感和忠诚度。反观一些欧美企业，在外派人员管理上，他们允许员工携带家属，还给予丰厚补贴，全面考虑家庭安置和子女教育。当时，我有点不太理解，后来他们给我讲，让这些人安心工作，创造的"价值"远远超出那一点"福利"。这警示我们，企业在关注工作成果的同时，更要关心员工的心理和福利。

另外，海外管理者遵循当地法规与文化开展工作，"认知差异"导致其常与总部管理层发生理念冲突。有位管理者依据当地文化调整工作思路，却未得到总部认可，被视作"另类"，感觉在受"夹板气"。所以，双向沟通非常重要，总部也应增进对外派管理者的理解，尊重海外员工意见，多听听一线炮火的声音。

在管理细节上，外企也有值得借鉴之处，比如妥善处理员工全球报税，规避税务风险。国内企业应学习借鉴，解决外派管理者回国后岗位不定、职业发展迷茫，极大影响工作积极性的问题。

#### ▶▶▶ 实战指南

读完本章，回看本章开头李经理这个案例。李经理作为CPSW公司国内供应链管理的佼佼者，被外派到东南亚分公司，却因为文化差异和管理方式的不适应，导致与当地员工之间矛盾重重。这充分说明了在供应链出海人才配置中，仅仅考虑员工的专业能力是不够的，还需要充分考虑其跨文化沟通和团队协作能力。

以下是对供应链出海人才配置的建议。

（1）加强跨文化培训：企业在外派人员前，让他们了解目标市场的文化背景、价值观、工作方式等，包括有效的跨文化沟通技巧和冲突解决策略，增强他们的文化敏感性和适应能力。

（2）尊重当地文化：外派人员到达目标市场后，要根据当地的文化和员工特点，灵活调整自己的管理方式，要尊重当地的文化和习惯，比如工作时间、节假日安排等，避免因为文化差异而引发矛盾。

（3）建立双向沟通机制：鼓励员工之间开展定期的交流和反馈会议，让管理层了解员工的想法和需求，也让员工有机会表达自己的观点和感受。

建议李经理定期与员工进行一对一的会谈，倾听他们的意见和建议，同时也分享自己的期望和目标。这种开放、透明的沟通方式会逐渐消除与员工之间的隔阂，增强团队的凝聚力。

（4）建立本地团队：公司不仅要从国内选派优秀的管理人员，还应积极招聘和培养本地人才，对来自其他国家和地区的员工也要一视同仁，充分发挥多元文化团队的作用。

期待通过这一系列的人才配置和解决方案，可以让李经理这样的"外来者"逐渐融入团队，转变为团队中不可或缺的一员，成为"自己人"。

CHAPTER 3
第 3 章

# 需求洞察：消除匹配难题，精准对接需求

供应链管理强调以客户需求为导向。制定供应链战略的首要任务便是精准把握客户需求。这需要深入洞察客户、精准预测市场，如此才能大幅提高运营效率，有力推动本地化。

管理学中的"营销4P"理论广为人知，即企业通过灵活调控产品（Product）、价格（Price）、促销（Promotion）、渠道（Place）这四个要素，精准对接市场需求，达成营销目的。而在供应链场景下，我们对其进行了创新改良，将原模型中的"Price（价格）"与"Promotion（促销）"替换为"Process（流程）"和"Partner（伙伴）"，形成全新的"4P"组合：产品（Product）、流程（Process）、伙伴（Partner）和渠道（Place）。这四个要素紧密围绕客户（Customer）展开，共同构成了"4P+C"模型。该模型以客户为中心，从产品特性、流程优化、伙伴协作及渠道布局等多个维度，助力企业全方位洞察客户需求，消除供需匹配难题，实现供应链与客户需求的精准对接。

### 开篇案例

#### 缺乏洞察，迷失方向

有一家名叫绿源化工的中国企业，专门生产各种化工原料。他们决

定把产品出口到美国，开拓海外市场。在出海的过程中，绿源化工遇到了一个大麻烦——对客户的采购习惯不了解，预测严重不准。

一开始，绿源化工只是根据国内市场的经验来推测美国客户的需求，可是他们没考虑到美国客户的采购习惯与国内客户有着很大的不同。相较于价格，美国客户更注重产品的交货时间、型号规格以及库存管理。

由于预测不准，绿源化工经常出现货物型号不对、交货时间延迟或者数量不符的情况。

化工原料都是有保质期的，一旦预测不准，就会导致大量的货物积压在仓库里，卖不出去。而有些货物，甚至还没等到卖出去，就已经过了保质期。

他们想要把积压的货物运回国内，可是运费成本又非常高。而如果留在当地处理，又需要花费高额处理费用，还可能面临环保合规等问题。

## 本章导言

### 需求洞察：从战略到执行思考框架

从战略视角出发进行需求洞察，就是借助"4P+C"模型，以客户需求为导向，进行供应链战略的顶层设计。想要制定精准的供应链策略，就得从深度洞察客户需求入手。企业要善于探寻尚未被满足的客户需求，然后通过一系列举措去满足，直至全方位实现满足。

从执行层面看，需要做的工作就是洞察谁是我们的客户，在质量、数量、时间、结构上洞察客户的需求是什么、有什么规律以及用什么方法预测更准。

对于供应链管理，我的观点是：信息流问题解决了，供应链问题就解决了一半。⊖高质量的信息具备全、真、精、新的特点，即全面、真实、

---

⊖ 详细论证，请参见笔者《供应链战略顶层设计：一句话解构供应链》一书。

准确、最新。企业里最关键的信息流当属客户需求信息，涵盖客户订单和预测订单。需求洞察就是捕捉客户需求、分析客户需求的过程，只有确保客户需求信息在供应链各环节及时、准确传递，才能实现高效的供应链协同与管理。

## 3.1 如何精准识别海外客户需求

### 3.1.1 客户画像与需求定位

作为出海企业，在制定供应链战略之前，首先，需要了解公司的市场策略，然后收集客户信息，构建客户画像，即根据客户的特征、行为和需求，将客户划分为不同的群体，描述每个客户群体对产品或服务的具体需求、期望和偏好。我在一家日企做总经理时，我们当时的客户有丰田、大众这样的整车厂，产品出口到美国、欧洲等的汽车公司或售后市场，有些客户很难见一次面，所以我要求销售人员为客户画像，这对精准对接客户需求，提升客户体验非常有帮助。

以下模型是基于当时的框架进行的扩展，供大家参考。

---
**经验分享**

**客户画像的框架结构**

1. 基础信息概览

需求主体：广大客户群体，涵盖个人消费者、企业客户及海外市场用户。

需求核心：围绕产品或服务的功能性、情感性、时效性、经济性等多个维度展开。

## 2. 物质需求与精神需求

(1) 物质需求。

功能性：追求产品的高性能、耐用性及实用性，满足日常生活、工作或业务运营的基本需求。

经济性：对价格敏感，寻求性价比高的产品或服务。

(2) 精神需求。

情感共鸣：期望品牌故事、产品设计等能与个人情感产生共鸣。

价值观认同：关注品牌的可持续生产实践、社会责任等，寻求与自身价值观相符的产品或服务。

## 3. 显性需求与隐性需求

(1) 显性需求。

明确表达：如产品规格、颜色、价格等，客户直接提出的或易于察觉的需求。

易获取性：通常通过客户话语、行为或市场调研即可直接获取。

(2) 隐性需求。

难以察觉：如产品的易用性、售后服务的质量等，客户未明确表达但实际存在的需求。

深入挖掘：需要通过深入分析、挖掘和预见来识别，是供应链持续优化和创新的重要源泉。

## 4. 当前需求与未来需求

(1) 当前需求。

即时响应：客户当前正面临或即将面临的需求，要求供应链具备高效、灵活的响应机制。

市场变化：密切关注市场动态，确保及时、准确地满足客户的期望和要求。

（2）未来需求。

前瞻性：预见客户在未来可能产生的新需求，如技术进步、生活方式变化等引发的需求变化。

创新能力：具备创新能力，提前调整策略、准备产能，以应对未来市场的挑战和机遇。

**5. 数量、时间、质量与产品结构**

（1）数量。

准确预测：准确预测客户对产品或服务的需求量，确保生产规模和库存水平的合理性。

资源优化：降低库存成本、提高资源利用率，满足客户的即时需求。

（2）时间。

交付效率：客户对产品或服务的交付时间要求至关重要，需优化生产流程、提高交货期管理效率。

按时交付：确保按时交付产品或服务，满足客户的期望和要求。

（3）质量。

严格控制：制定严格的质量控制标准和检验流程，确保提供的产品或服务符合客户的期望和要求。

品牌形象：提升客户满意度和品牌形象，增强客户忠诚度。

（4）产品结构。

多样化需求：客户对不同产品种类、型号或配置的需求日益多样化。

灵活应对：具备灵活的产品设计和生产能力，优化产品结构，提高产品组合的合理性，以满足市场的多样化需求。

### 3.1.2　客户行为与需求洞察

供应链管理的两个基本问题：一个是组织之间的高效协同，另一个是供需之间的精准对接。这个精准对接，包括在数量、时间、质量和结构方面的精准对接。而这些需求，可以从客户的行为中识别出来。以下是一些观察点，企业可通过观察点挖掘客户真实需求，以便在供应链上做好精准对接。

### 1. 精准把控数量需求

出海企业可密切关注客户采购频率与规模。倘若客户采购频繁且批量大，如东南亚某电子制造企业，长期稳定地向中国供应商大量采购电子元器件，这大概率意味着其生产规模大且市场需求稳定，对供应数量需求高。

同时，留意客户库存水平。若客户库存持续处于低位，库存周转率加快，像欧洲某服装品牌商库存长期低于安全线，这便是需求增长的强烈信号。企业应及时调整供应策略，增加供应量，避免因缺货错失商机。

### 2. 有效明晰时间需求

交货期要求是时间需求的直观体现。若客户频繁下达紧急订单，或突然要求缩短交货期，比如中东某零售商在斋月前临时加急采购大量节日商品，这表明客户对时间要求紧迫。

此外，与客户深入沟通生产计划和市场预测至关重要，应了解未来一段时间内的需求时间分布，提前做好排产和物流规划，确保货物按时交付，提升客户满意度。

### 3. 深度解析质量需求

分析客户退货与投诉记录，特别是质量相关内容，能直击客户对质量的期望。例如，某非洲客户频繁因产品耐用性问题退货，这说明对产品质量的耐用性要求较高。

关注客户对样品的测试验证过程。若客户对样品审核极为严格，对质量标准关注度极高，像日本客户对精密仪器的质量要求近乎苛刻，企业就要严格把控产品质量。若客户要求特定质量认证或遵循特定质量控制体系，企业应积极满足，以契合客户质量需求。

**4. 敏锐洞察结构需求**

留意客户产品组合与定制化需求。若客户采购的产品类型、规格多样，定制化需求增多，比如南美某家具商对家具款式、尺寸定制的需求上升，这反映出客户对产品结构灵活性和个性化的需求在增强。

关注客户所在市场反馈和竞争态势。若市场流行趋势变化快，竞争对手推出新的产品，企业需及时调整产品结构，开发新产品，满足客户需求，提升自身竞争力。

由此可见，通过观察海外企业客户在采购频率、交货期要求、退货投诉、产品组合等方面的行为细节，中国出海企业可以较为准确地判断其在数量、时间、质量和结构方面的真实需求。

### 3.1.3 客户分类与供应链战略

对于供应链出海企业，依据科学框架进行客户分类并制定相应供应链战略，能显著提升服务针对性与竞争力。

**1. 按客户需求特性分类**

（1）价格敏感型客户：这类客户对价格极为敏感。企业应优化供应链成本，寻找低成本原材料供应商，优化生产与物流流程，降低运营成本。同时，提供标准化产品，减少定制化成本，以低价吸引客户。

（2）质量优先型客户：这类客户注重产品质量。企业需强化质量控制体系，从原材料采购到生产、交付全流程严格把关。与优质供应商合作，引入先进检测设备，确保产品质量稳定。可适当提高价格，匹配高品质服务。

（3）交期紧急型客户：这类客户对交货期要求严苛。企业应构建快速响应机制，缩短生产周期，优化物流配送路线，提高运输效率。与供应商建立紧密合作，确保原材料及时供应。必要时，预留应急产能，满足紧急订单需求。

（4）定制化需求客户：如医疗设备、工业品行业客户。企业需运用延迟策略，进行半成品模块化生产；通过敏捷响应快速处理设计变更；建立逆向物流售后备件网络。

## 2. 按客户规模分类

（1）大客户：通常需求稳定，是企业战略核心。在网络设计上，为其设立专属区域配送中心或本地化生产；库存管理采用供应商管理库存（VMI）或准时生产（JIT）供应；投入技术建立 EDI/API 接口；签订长期协议，协同规划，优化全链条效率。

（2）中小客户：订单分散、价格敏感。企业可采用集约化物流降低运输成本；提供标准化服务；利用弹性产能应对波动需求。

## 3. 按客户所在地区分类

（1）新兴市场客户：需求波动大，当地基础设施薄弱。企业需进行冗余设计，增加安全库存或多源采购；与当地物流商进行本地化协作；采用轻资产模式，借助 3PL 降低前期投入。

（2）高风险地区客户：所在地区政策或政治不稳定。企业应多元化布局，分散生产基地；合规优先，嵌入本地化认证团队；制定应急预案，动态监控风险。

通过以上客户分类与战略匹配，企业能精准满足客户需求，优化资源配置，增强全球供应链竞争力。

## 3.2 如何精准预测并管理客户需求

作为出海企业，精准预测并管理客户需求是提升市场竞争力的关键。在预测客户需求时，可以运用惯性原理、相关性原理和类比性原理，以下是将这三大原理应用于出海企业客户需求预测的具体方法。

### 3.2.1 惯性原理

惯性原理认为，事物发展在时间维度具备连续性与稳定性，过去的行为模式常延续到未来。在市场需求层面，过往消费行为和需求趋势大概率会在后续重演。企业掌握这一规律，便能搭建可靠的需求预测逻辑框架，而发货记录是运用惯性原理的核心数据来源。

发货记录堪称洞察需求的宝藏。发货记录里的客户集中度、购买频率、时间点等数据，能清晰呈现客户购买习惯和需求偏好。比如某客户长期每月固定采购某产品且数量稳定，按惯性原理，可推断其未来仍会保持类似采购节奏。同时，发货记录能直观展现产品需求的季节性波动和周期性规律。像户外用品企业，若帐篷每年春夏季发货量远超其他季节，企业就能提前规划库存和生产，匹配需求高峰，避免供需失衡。此外，发货记录还蕴含多维价值，产品选择、交货期、配送方式、支付方式和信用记录等，都能助力企业把握市场动态。

要让惯性原理落地，数据分析必不可少。时间序列分析专注研究随时间变化的数据序列，依赖数据的连续性和稳定性假设，与惯性原理高度契合。通过对发货记录进行时间序列分析，企业可识别过往数据模式并推测未来延续性。周期性分析聚焦数据在不同时间维度的重复性规律，能帮助出海服装企业精准把握季节性波动，为生产和库存规划提供支撑。

不过，运用惯性原理也有致命误区需要避开。不能把惯性当作"铁律"，要考虑内外部环境的变化。比如某家电企业依赖东欧冬季取暖器的销售规律，没料到能源危机导致需求暴增，最终错失订单。企业可设置"弹性系数"，如基础预测值乘以 120% 作为安全边界。也不能有数据"洁癖"，新兴市场别强求完整数据，没有 3 年数据可用 6 个月数据结合同类市场规律推导；没有本地数据，可参考邻近国家，如用泰国规律判断越南需求。还要避免总部"一言堂"，如某服装企业将中国"双十一"促销复制到中东，没考虑斋月物流效率下降，导致订单延误。应建立区域反馈通道，如每月线上校准会，让本地团队参与预测修正。

由此可见，运用惯性原理预测客户需求要以历史规律为基准，再通过动态洞察修正偏差。供应链管理者抓住规律识别、动态调整、跨部门协同这三个核心，就能大幅提升需求预测精准度，在供应链出海中抢占先机。

### 3.2.2 相关性原理

万事万物是普遍联系的，一件事物的变化往往能预示另一件事物的变迁，这便是相关性原理的精髓所在。有一个著名的理论叫作"裙长理论"或者"裙摆指数"，这个理论是由美国经济学者乔治·泰勒在 1920 年提出的，他认为女人的裙长可以反映经济兴衰荣枯。再比如，新能源汽车销量的上升，往往意味着一部分原本可能购买汽油车的消费者转向了新能源汽车，这导致了新能源汽车与汽油车销量之间的负相关关系。

要运用这一原理进行销售预测,关键在于准确捕捉事物之间的相关性。

### 案例研究

#### 品类关联,洞察供需

亚马逊作为全球知名的电商零售巨头,充分运用相关性原理来提升销售和优化运营。它通过对海量的用户购买数据进行深度分析,发现了众多跨品类的相关性。例如,在图书品类中,购买育儿类书籍的用户,有较高概率同时购买儿童玩具、婴儿护理用品等相关商品。亚马逊依据这样的相关性,在商品推荐页面会精准地向购买了育儿书籍的用户推荐这些相关商品,不仅制定了有效的跨品类营销策略,还帮助供应商更好地统筹了库存。

对于出海的相关供应商来说,如果向亚马逊平台供货,就可以参考这种关联推荐模式,提前和亚马逊沟通备货计划,根据关联销售的热度趋势,精准预测不同品类商品的需求,如提前准备好热门育儿书籍对应的热门儿童玩具库存,实现协同销售,提升整体效益。

需要特别强调的是,因果性可看作相关性的一种特例,但二者绝不能等同。我们关注相关性时,侧重的是两个或多个变量之间的关联程度,即一个变量变化时另一个变量随之变化,但不一定存在明确的因果关系;而因果性更强调"因为……所以……"的逻辑关系。比如牛奶和面包销量之间存在相关性,不是因果性,只是因为它们都是常见的早餐选择或搭配购买习惯。所以在运用相关性原理分析需求预测相关因素时,务必谨慎区分,不能误将相关性当作因果性,以免影响预测的准确性和决策的科学性。

运用相关性原理时，要避开三大致命误区。一是盲目追求高相关系数，如某企业误将"印度排灯节期间金价"与"中国手机出口量"的高相关系数当真，实则两者无直接关联，可用"三步验证法"避免此类错误。二是静态思维，如某建材企业因没察觉东南亚建筑方式转变，仍依赖旧相关性模型导致预测失效，对此可设"生命周期标签"来解决。三是数据过载，应优先抓取 3～5 个高价值指标，用"帕累托法则"简化模型。

一句话，掌握"关键因子筛选 + 逻辑验证 + 动态迭代"逻辑，借相关性原理提升全球供应链竞争力。

### 3.2.3 类比性原理

曹冲称象的故事家喻户晓，他运用类比性原理，将大象重量与石头重量建立关联，成功解决称象难题。这一原理迁移至商业领域，在洞察客户下单行为方面同样效果显著。通过挖掘不同事物间的相似性，我们能够有效推测客户下单习惯与购买偏好，具体可从以下四种类比方法着手。

#### 1. 市场类比

在分析客户下单行为时，市场类比是行之有效的方法。核心在于锁定与目标市场在规模、消费者构成、商业环境、竞争态势等方面相似且发展成熟的市场作为参考样本。例如，企业计划开拓新的海外市场，可挑选经济、文化、消费习惯相近的已发展市场，深入剖析该市场中客户下单的时间规律、下单频率、购买数量，以及对不同品类产品的偏好，为目标市场客户下单行为的预测提供有力支撑，进而制定出精准的市场进入策略与产品定位。

## 2. 产品类比

当企业推出全新产品时，由于缺乏直接的历史数据和客户反馈，产品类比能发挥关键作用。具体做法是参考功能、用途、价格等方面类似的产品的历史销售数据、客户评价、复购率等信息。通过这些数据，了解消费者对这类产品的下单倾向、购买频率以及对产品特性的偏好，从而预测新产品的市场接受程度和客户下单习惯，提前做好市场调研与准备工作，降低市场风险。

## 3. 文化类比

不同国家和地区的文化差异对客户下单行为影响深远，文化类比因而不可或缺。通过寻找语言、宗教、价值观、风俗习惯等文化背景相似的市场，分析其客户下单行为和购买偏好，能够精准把握目标市场消费者的下单心理与行为模式。例如，某些文化中特定节日期间消费需求旺盛，了解这一规律后，企业可提前布局，推出符合当地文化习俗的产品和促销活动，满足消费者需求。

## 4. 同行类比

同行类比指的是分析同行业企业的市场策略、产品特性、客户服务等，预测自身企业面临的客户下单需求和客户策略。同一行业的企业面临相似的市场环境、客户群体和竞争压力，其他企业的成功经验与失败教训，对自身企业在预测客户下单习惯和购买偏好上具有重要的参考价值，比如借鉴外企进入中国的实践经验。

企业出海经验有限时，类比预测是降低试错成本的有力工具。但在互联网时代，市场瞬息万变，企业切不可简单模仿、盲目照搬、忽视差异或静态类比，不能依赖旧经验。应结合目标市场实际情况，通过"精准筛选+差异校准+动态调整",构建适配的管理和预测体系,让类比性原理在出海征程中充分发挥作用,助力企业精准把握客户下单行为,在国际市场站稳脚跟。

当然,所有的预测都是不准的,也正是因为不准,所以才需要预测。所有的预测都是数据+判断。数据是过去发生的事实,判断是对未来不确定性的判断。我们可以依据这三个预测学原理,做出相对准确的预测。

## 3.3 小批量多品种,如何预测更准

客户的需求展现出高度的多样性,往往倾向于定制化与个性化,小批量、多品种已成为市场常态及未来趋势。在客户组织内部,不同部门及个体对需求的认知深度与理解角度可能存在显著差异,且这些需求还会随时间而发生变化。因此,如何迅速而精确地捕捉客户需求信息,并提升这些信息的质量,确保信息的全面性、真实性、精确性及时效性,显得至关重要。

### 3.3.1 无限逼近信息源头

客户的需求只有一个,从最初提出需求的那个人开始,历经客户企业多层级部门,再到供应链各参与方,最终才抵达我们手中。这漫长的链路中,层级传递繁杂、语言文化存异、商业习惯不同,任何一处信息遗漏或理解偏差,都可能让原本清晰的需求变样。所以,企业必须突破重重阻碍,直接对接提出需求的最前端,获取一手信息、一线信息。

主要从以下方向着手。

(1)找到客户关键人:海外客户组织内部,关键人物对采购决策起着举足轻重的作用。可能是手握采购预算、掌管供应商选择权的采购主

管；或是决定产品技术标准、把控质量关卡的技术负责人；又或是依据市场判断、左右采购需求的销售决策者。企业要精准定位这些关键人，通过定期高层互访、参与重要项目研讨等方式，搭建深度沟通桥梁。举例来说，若从关键人处获知了客户即将拓展新业务的消息，企业便能提前预判出对原材料、零部件等的全新需求，进而提前筹备资源，抢占市场先机。

（2）追溯客户的客户：客户的需求并非孤立存在，很大程度上受其下游客户或合作伙伴的影响。以服装供应链为例，品牌商客户的订单需求，往往取决于下游零售商的销售状况以及消费者的偏好。因此，企业不能仅将目光局限于直接客户，还需沿着供应链下游，追溯客户的客户。可以通过积极参加行业展会、搭建行业信息共享平台等途径，与下游建立有效联系，掌握终端市场的需求趋势。如此一来，企业便能提前调整生产计划、库存策略，确保供应链响应及时且高效。

（3）探究影响需求的源头：要切实做到"无限逼近信息源头"，企业必须深入探究影响海外客户需求的本质因素，这涵盖了当地政策法规、经济发展态势、社会文化潮流以及技术革新趋势等多个层面。在环保政策严格的国家，客户对环保产品的需求可能会显著增加；而新兴技术如5G、物联网的普及，也会催生出全新的产品需求与应用场景。企业只有深度剖析这些根源性因素，才能精准预测海外市场需求的走向，为供应链战略规划提供有力支撑。

为将这一策略有效落地，企业可采取以下实战举措。

（1）构建深度洞察机制：组建专业的海外调研团队，定期开展实地走访、线上问卷调查等活动，全面了解海外客户在不同业务场景下的需求痛点以及期望改进的方向。同时，运用大数据分析与AI技术，深度挖掘客户的历史订单数据、反馈意见，精准识别需求变化规律与潜在需求。

针对关键人，建立专属的客户关系管理系统，实时跟踪其需求动态与决策倾向。

（2）拓展多元信息渠道：除了与直接海外客户保持紧密沟通外，企业还应积极从行业协会、当地商会、市场调研机构、社交媒体平台等多渠道收集信息。与行业协会合作获取行业报告、趋势分析；借助社交媒体关注当地消费者的讨论热点、产品口碑；订阅专业市场调研机构的报告，获取权威数据与分析预测。整合多渠道信息，为需求预测筑牢数据根基。

（3）强化市场动态研究：设立专门的海外市场研究部门，配备熟悉当地市场、精通行业动态的专业分析师。持续跟踪当地政策法规、经济、技术等因素对需求的影响。同时，密切关注竞争对手在海外市场的布局、策略调整以及市场份额变化。通过对比分析，及时优化自身供应链策略和需求预测模型。

### 3.3.2 发现客户真正需求

在客户的组织架构内部，决策流程、人员变动等因素复杂；需求本身涉及的业务方向、产品特性等也可能不断调整；加之外部环境，如市场趋势、竞争态势、政策法规持续变化。多方面的变数，致使客户需求呈现出多样化与动态化的显著特点。

可见，对于客户需求，变化是绝对的，而不变则是相对的。这就要求销售人员，要像侦察兵一样，深入客户内部，洞察他们真正的需求，并提供专业性的建议。

#### 1. 深入客户内部，洞察真正需求

我们需要与客户建立紧密的合作关系，深入他们的业务流程和决策

过程。通过与客户的高层管理者、关键部门负责人以及一线员工进行深入交流，我们可以更全面地了解他们的需求、痛点和期望。这种深入了解不仅有助于我们提供更符合客户需求的产品和服务，还能帮助我们预见客户的需求变化，从而提前做出调整。

### 2. 层层剥开真实需求

客户的需求往往是多层次、多维度的，包括产品的需求、服务的需求、体验的需求、关系的需求以及成功的需求等。为了满足这些需求，我们需要层层剥开，深入挖掘客户背后的真实意图和期望。例如，客户可能表面上只需要一个产品，但实际上他们更关心的是这个产品如何能够帮助他们提高生产效率、降低成本或提升品牌形象。通过深入了解这些真实需求，我们可以为客户提供更精准、更有价值的解决方案。

### 3. 整合需求，形成完整预测

在深入挖掘客户需求的基础上，我们需要将这些需求进行整合，形成一个完整的预测。这包括将不同部门、不同层级的需求进行汇总和分析，找出其中的共性和差异，以及预测未来可能的变化趋势。通过整合这些需求，我们可以更准确地把握市场的动态和客户的期望，从而为企业制订更合适的战略计划提供有力支持。

### 4. 提供专业建议，助力客户成功

在满足客户需求的过程中，我们不仅需要提供符合客户期望的产品和服务，还需要为客户提供专业性的建议。这些建议可能涉及产品的选型、配置、优化等方面，也可能涉及服务流程的改进、客户体验的提升等方面。通过提供专业建议，我们可以帮助客户更好地解决问题、提高

效率或实现成功,从而赢得客户的信任和忠诚。

### 3.3.3 引导客户改变需求

在面对客户的小批量、多品种需求时,为实现精准预测,可采用价格、交期、质量引导以及客户早期参与等策略,促使客户需求朝着集中化、标准化方向转变,有效增加购买批量,减少采购品种。

#### 1. 价格引导,优化需求格局

价格是左右客户决策的关键因素。当客户在定制产品和标准产品间权衡时,企业应清晰传达定制产品成本溢价信息。定制产品因其独特设计、专属工艺,价格往往高于标准产品。企业可通过强调这一差异,引导客户倾向标准产品,降低定制需求。这不仅能削减企业的生产成本,还能使需求更趋集中、规律,大幅提升需求预测的精准度,为企业生产规划提供稳定依据。

#### 2. 交期引导,提升供应链效能

交期是客户采购决策的重要考量。针对小批量、多品种需求,交期引导效果显著。企业需向客户表明,定制产品因个性化设计、生产调试等环节,交货周期较长;而标准产品由于生产流程成熟,能快速交付。引导客户选择标准产品,有利于企业合理安排生产计划,高效管理库存,增强供应链响应速度与灵活性。集中的需求让企业对未来订单预估更精准的同时,还能深度优化供应链管理体系。

#### 3. 质量引导,增强客户认可

质量是产品立足市场的核心。企业可通过质量引导,向客户全方位

展示标准产品的卓越性能与可靠质量，详细介绍产品使用的优质材料、先进生产工艺以及严格的质量管控体系，强化客户对标准产品的信赖与满意度。客户对标准产品信心提升，自然会减少对定制产品的需求，使需求更统一、易预测。优质标准产品还能提升企业口碑，塑造良好品牌形象，促进长期市场拓展。

### 4. 客户早期参与，精准锚定需求

对于小批量、多品种且客户定制需求强烈的产品，邀请客户早期参与产品设计与生产至关重要。企业应与客户紧密协作，在设计阶段充分沟通，及时捕捉客户需求细节，快速调整设计方案，确保最终产品高度契合客户期望。客户参与过程中提供的大量反馈信息，会成为企业预测未来需求的宝贵依据。这一方式既能提升产品质量与客户满意度，又能显著优化需求预测精准度。

在实际操作中，企业需综合运用上述策略。针对价格敏感且对交期有要求的客户，推荐性价比高且交付迅速的标准产品；对质量要求严苛的客户，着重展示标准产品的品质优势；对有意愿参与早期研发的客户，积极吸纳意见，实时调整需求预测。通过多管齐下，企业能精准把握客户需求动态，为小批量、多品种需求场景提供更为精确的预测，在复杂多变的市场中赢得竞争优势。

## 3.4 如何快速响应海外市场变化

海外市场变化莫测，企业需时刻保持警惕。企业应当迅速捕捉海外客户需求的任何变动，以确保其供应链能够敏捷响应，及时做出调整。这要求企业具备高效的信息收集与分析能力，以便快速洞察市场需求的

细微变化，并促使供应链各环节迅速协同，从而实现对客户需求变化的即时应对。

下面我们从供应链视角分析如何快速掌握海外市场变化。

### 3.4.1　全链参与，协同预测

在供应链出海的复杂环境下，实现全链协同预测对于提高预测准确率至关重要。这不仅涉及公司内部销售、计划、采购等部门的协同，更需与供应商和客户等外部伙伴紧密合作。

客户身处市场前沿，对需求端变化了如指掌，能提供宝贵的市场需求波动及预测信息。供应商则凭借对供应端的敏锐洞察，掌握原材料供应、生产能力和价格趋势等关键情报。要达成全链协同预测，需整合各方信息，实现信息共享。

然而，全链协同预测存在诸多难点。在信息沟通方面，各方信息系统和数据格式可能不同，会导致信息传递不畅、理解出现偏差。文化和地域差异也会影响沟通效果和合作效率。此外，利益分配不均可能引发合作矛盾，影响协同积极性。

要克服这些难点，需搭建统一的数字化信息平台，打破信息壁垒，确保各方能实时共享和更新数据。同时，建立标准化的数据管理流程，统一数据格式和定义，提高信息准确性和一致性。针对文化差异，加强跨文化培训，增进相互理解和信任。通过合理的利益分配机制，确保各方在协同中都能获得合理回报，激发合作积极性。

在供应链出海过程中，实现全链协同预测并克服其中的难点，确保在任意时间点各方都能使用同一版本的预测信息，是提高预测准确率、把握市场变化和供应链动态、制定精准决策的关键。

## 案例研究

### 全链协同，精准预测

希音（SHEIN）是一家知名的中国快时尚出海企业，它通过全链协同有效提高了预测准确率，提升了运营效率。

#### 1. 内部协同

希音的销售和市场部门利用大数据分析全球不同地区的流行趋势、消费者偏好，结合线上平台销售数据，得出精准的需求预测。例如发现某地区碎花裙需求上升，及时将信息传递给设计和生产部门。设计团队依据市场需求，快速推出多种碎花裙款式。生产部门结合产能、原材料库存等制订生产计划，与采购部门协同，确保原材料及时供应。各部门每周召开跨部门会议，共同商讨并解决问题，调整预测和生产计划。

#### 2. 外部协同

在供应商方面，希音与面料、辅料供应商建立紧密合作关系，共享销售和生产计划。供应商根据需求提前安排生产，保证供应稳定。比如夏季来临前，希音告知供应商轻薄面料需求增加，供应商提前储备原材料，按时交付。希音还建立了供应商评估体系，定期考核，激励供应商提升供应效率和质量。

在客户方面，希音通过线上平台收集客户评价、反馈，了解需求和意见。根据客户建议，优化产品设计和功能。推出新款式前，希音在部分用户中进行试销和调研，根据反馈调整生产数量和款式。

#### 3. 协同效果

通过全链协同，希音预测准确率大幅提升，库存周转率提高，缺货率降低。产品从设计到上架时间大幅缩短，快速响应市场需求变化，增强市场竞争力。在竞争激烈的快时尚市场，凭借高效供应链协同，希音实现了持续快速发展，成为中国出海企业的成功典范。

### 3.4.2 四大物料，单独预测

预测很难准确，也不能面面俱到，要抓大放小，抓大放小是个宝。我们说的"抓大"是指抓住四大特殊物料，即大客户物料、大金额物料、大体积物料以及大周期物料（也就是长周期物料，为了表述方便，在此我称为"大周期物料"）。

下面我分别介绍它们的特点及预测的重要性。

#### 1. 大客户物料

大客户物料主要指的是那些重要客户（客户规模大或客户需求集中度高）的需求所涉及的物料。大客户对于企业的业绩和市场份额具有举足轻重的影响。准确预测大客户物料的需求，能够确保企业及时满足客户的订单，维护良好的客户关系，进而稳固和扩大市场份额。

#### 2. 大金额物料

大金额物料指的是单位价值较高的物料，它们的采购和库存对企业的资金流和成本控制有着显著的影响。准确预测大金额物料的需求，可以帮助企业合理安排采购和生产计划，避免过多的资金被库存占用，提高资金利用效率，同时降低因缺货而错失销售机会的风险。

#### 3. 大体积物料

大体积物料指的是物理尺寸较大、占用仓储空间较多的物料。大体积物料的预测准确率直接关系到仓储空间的利用效率和库存周转率。准确预测大体积物料的需求，可以确保企业有足够的仓储空间来存放这些物料，避免仓储空间的浪费或不足，同时提高库存周转率，降低库存成本。

**4. 大周期物料**

大周期物料指的是采购周期长、生产或交付周期长的物料。长周期物料的预测准确率对企业的生产计划和供应链稳定性至关重要。由于长周期物料的采购和生产需要提前安排，一旦预测出现偏差，可能导致生产中断、交货延迟或库存积压等问题，进而影响企业的运营效率和客户满意度。

由此可见，中国出海企业在提高预测准确率时，应重点关注这四大特殊物料，即大客户物料、大金额物料、大体积物料和大周期物料。通过加强与客户沟通、利用数据分析工具、建立预警机制以及优化供应链管理等方法，企业可以更准确地预测这些物料的需求，提高供应链的稳定性和企业的竞争力。

### 3.4.3 三类人员，分别预测

任何人预测，都有自己视角和信息的局限性。实践中，我们可以使用德尔菲预测法（专家法）、高层管理人员预测法、一线销售人员预测法同时预测。这三种方法由三类人员从不同维度开展独立预测，其结果相互补充验证，可以提高预测准确性。

**1. 德尔菲预测法（专家法）**

德尔菲预测法借助多领域专家的专业知识进行预测。通过匿名问卷调查与多轮反馈，可以避免专家受他人意见干扰，保证意见独立性。确定如某产品在特定海外市场的需求规模、功能期望等预测主题后，就可以邀请不同背景专家，各专家基于自身专业进行深度分析，给出看法。如研究文化差异对产品外观设计喜好的影响时，文化学、设计学、市场营销学等领域专家，凭借各自深厚的知识储备，从不同角度剖析，汇总多轮意见后，形成的预测报告综合了各方专业视角，全面且深入，可以极大提升准确性。

专家对行业趋势、技术革新有前瞻性洞察。当海外市场出现新兴技术应用趋势时，专家能提前预测相关产品的需求变化。企业依据此预测，提前布局研发、生产，快速调整产品功能或特性，可第一时间满足市场需求，抢占市场先机。

## 2. 高层管理人员预测法

高层管理人员站位高，拥有宏观的战略视野、丰富的行业经验与全面的企业运营知识。他们整合海外市场多源信息，包括政策法规、经济走向、竞争态势等，从整体层面把握市场规律，预测市场规模、增长率等。例如，通过分析某国新能源政策与经济发展规划，判断该国新能源相关产品市场潜力巨大。高层从战略高度出发，统筹考虑企业资源、能力与市场机会，做出的预测全面且具战略意义，降低了片面性，提高了准确性。

高层决策直接影响企业战略方向。预测到某海外区域市场有潜力后，能迅速调配企业资源，指导供应链在该地区布局生产基地、仓储中心，或调整产品推广策略，以最快速度匹配市场变化，满足市场需求。

## 3. 一线销售人员预测法

一线销售人员直接接触海外客户，能实时捕捉客户需求动态。他们可以通过日常交流、销售反馈，了解客户对产品的意见、特殊需求及购买倾向。因与客户紧密互动，能收集到最真实、最及时的信息。如某地区客户反馈产品包装尺寸在当地运输、存储不便，一线人员可迅速反馈。大量一线信息汇总分析后，能精准呈现市场需求细节，为准确预测提供有力支撑。

基于一线销售人员反馈，企业能快速调整产品。比如客户反馈产品颜色不符合当地文化偏好，企业立即调整产品颜色设计。同时，在库存管理上，企业可以依据一线预测的需求波动，合理安排库存，确保畅销产品不断货，滞销产品不积压，高效响应市场需求变化。

#### ▶▶▶ 实战指南

回到本章开头绿源化工的案例，如果还是按照国内市场的经验和数据来推测美国客户的需求，这显然是远远不够的。每个市场都有其独特的采购习惯和需求特点。

针对这种情况，我的建议有3个。

1. 国外销售代表与客户面对面接触

首先，国外的销售代表应该深入客户一线，与客户进行面对面的接触和交流。这样做能够直接挖掘到客户需求的源头，了解客户的真实需求和采购习惯，为后续的供应链管理和产品调整提供准确的依据。

2. 外派销售代表要成为国内外供应链对接的协调员

外派销售代表需要充当好国内与国外之间的桥梁，做好双向"翻译"工作。一方面，他们要站在客户的角度，把客户的需求、意见精准"翻译"给国内供应链团队；另一方面，他们作为公司的代表，需与客户保持紧密的沟通与协作。准确传递信息，协调不同工作方式，确保相互理解，保证信息不失真、工作不延误。如此一来，便能实现国内外团队信息与认知的统一,提升整个供应链的协同效率。

### 3. 实现信息业务共享与拉通

由于从国内到国外的运输距离长、时间长,预测很难做到完全准确。因此要通过实现信息业务的共享与拉通来确保掌握客户的第一手信息,并及时传递给国内团队,做好衔接工作。这可以通过建立信息共享平台、定期召开视频会议、制定统一的信息传递流程等方式来实现。这样就能确保国内外团队信息同步,从而做出更准确的预测和决策,避免货物积压和浪费资源的情况发生。

CHAPTER 4

第 4 章

# 产品重构：跨越认知差异，适配本地市场

同一餐饮品牌，在东北，菜品盘子大、味道重，而到了上海，菜品则换上了小盘子，味道也变得清淡起来。这种变化其实就是产品重构——一个重新定义产品的过程。

本地公司深谙本地市场，老牌跨国公司积累了丰富的海外市场经验。作为后来者，中国供应链出海靠什么与之竞争？这是出海前需要深思、实操中需要探索的关键问题。

有人觉得，中国供应链凭借强大的供应链能力与丰富的工程师资源，经国内激烈竞争锤炼，出海后，在降本增效和技术创新上具备显著优势。可出海后，中国企业很快发现，最强劲的对手并非本地企业，而是老对手日韩企业，以及出海的其他中国企业。大家优势相近，脱颖而出的关键就在于本地化能力。本地化的第一步，便是重构产品，精准匹配本地市场需求。

### 🔲 开篇案例

#### 产品重构，"链"来难题

智汇科技，一家中国企业，它研发了一款非常先进的智能家居产品，决定出海拓展东南亚市场。在出海前，智汇科技对东南亚市场进行了深

入的调研，发现当地客户对智能家居产品的需求与国内有很大的不同。

为了满足本地客户的需求，智汇科技决定对产品进行重构，增加了许多针对东南亚市场的新功能，比如适应当地气候的智能温控系统、符合当地语言习惯的语音助手等。然而，在产品重构的过程中，智汇科技却遇到了供应链方面的难题。

原来，这款重构后的产品变得更加复杂了，需要用到许多新的零部件和材料。而这些零部件和材料在东南亚地区的供应链上并不容易采购到。有些零部件甚至需要从国内或者其他国家进口，经常因为物流通关等问题影响齐套率，导致不能准时生产和交付。

同时，因为产品变得更加复杂，对制造工艺的要求也更高了。智汇科技在东南亚的代工厂需要引进新的设备和技术，才能生产出符合质量要求的产品。这又是一笔不小的投资，而且还需要时间来进行技术培训和生产调试。

智汇科技的供应链团队开始感到压力很大。他们发现，如果继续按照原计划进行产品重构，供应链的可采购性、可制造性和便利性都将受到严重影响。而如果放弃产品重构，又无法满足东南亚客户的需求，可能会失去这个巨大的市场机会。

## 本章导言

### 产品重构，从战略到执行思考框架

从战略层面看，本地化是企业出海面临的四大挑战之一，包括产品本地化、供应商本地化、员工本地化、渠道本地化等。其核心在于深入洞察目标市场客户的真实需求，并以此为基础重构产品和服务。产品本地化是供应链运作的前提条件，其他本地化举措均围绕这一核心展开。

从执行层面看，产品重构需精准捕捉本地市场的独特需求，并以此为导向优化产品和服务。同时，企业需从供应链视角出发，优化全球资源配置，提升物料的本地可采购性与可制造性，提高国产化率（本地化率），确保产品符合当地标准和法规。简言之，产品重构需考虑供应链设计，供应链设计也需服务于产品需求，两者相辅相成。

此外，进入特定国家市场时，还需关注特殊的产品认证。许多国家有一些独特的认证要求，如印度的 EPR 认证、伊斯兰国家的清真认证、全球反恐认证等，这些认证在中国可能没有遇到过。企业应提前了解并主动完成相关认证，将其视为全球化信任的"背书"，而非"刁难"，主动认证，全球布局，拿到进入国际市场的"通行证"。否则，麻烦多多，危机重重。有关清真认证、反恐认证，详见附录。

## 4.1　如何精准匹配本地市场需求

中国企业以前是出口，现在是出海。出口时，很多企业是通过国内外的中间商，而不直接面对国外客户，不了解客户需求场景，不能快速捕捉客户需求变化。出海，意味着企业需要更深入地融入当地市场，直接面对客户，快速捕捉市场需求的变化，根据需求快速迭代产品，完成产品本地化的重构。除了关注本地客户的需求外，供应商的本地化、物流的本地化等方面也至关重要。

### 4.1.1　精准捕捉本地客户的独特需求

在供应链出海的过程中，产品重构是企业制胜海外市场的关键所在。唯有快速实现产品本地化，精准契合本地客户需求，企业才能站稳脚跟、赢得竞争。

### 1. 产品重构三大依据

（1）功能创新：深入洞察目标市场客户的真实需求，打造差异化功能。例如某手机品牌在海外市场发现当地对手机夜景拍摄需求大，便研发超高清夜景拍摄功能，大幅增强产品吸引力。

（2）设计升级：优化产品外观与操作界面，提升用户体验。某智能穿戴设备企业针对欧美简约时尚偏好，重新设计外形，采用简洁线条与低调配色，优化操作界面，深受当地用户喜爱。

（3）合理定价：充分考量目标客户的消费能力与价格敏感度。一家国内家电企业进入东南亚市场，针对当地部分消费者对价格敏感的特点，调整配置与功能，推出高性价比产品线，成功打开当地市场。

#### 案例研究

#### 以需为锚，重构"出圈"

美的作为知名的家电制造企业，在拓展东南亚市场时，对其空调产品进行了针对性的功能重构。东南亚地区气候炎热潮湿，蚊虫较多，当地消费者对于空调的需求除了制冷外，对除湿和驱蚊功能也较为看重。美的深入调研这一需求后，在面向东南亚市场推出的空调产品中，强化了除湿功能，能够快速精准调节室内湿度，让室内环境更加干爽舒适。同时，创新性地研发了一个驱蚊模块，配合空调运行可在一定范围内有效驱赶蚊虫，且对人体无害。通过这样的功能重构，美的空调在东南亚市场迅速获得了消费者的青睐。

### 2. 融入当地文化元素

（1）文化敏感性：深入了解目标市场文化，产品设计务必符合当地文化规范。例如化妆品品牌进入中东市场，尊重当地宗教习俗，选用寓意美好、符合当地审美的包装图案，产品更易被接纳。

（2）用户体验与文化融合：结合不同语言和文化背景，让产品兼具实用与文化韵味。某中式餐饮品牌出海东南亚，针对当地消费者喜酸甜口味、爱分享食物的特点，推出融合当地特色水果的酸甜酱汁，可搭配中式烤肉等，还调整菜品分量与上菜方式，推出多人分享套餐，大受欢迎。

（3）避免文化冲突：产品设计与营销需规避易引发文化冲突的元素。某服装品牌进入巴基斯坦，严格审核宣传文案，以符合当地语境的语言表述赢得消费者好感。

（4）服务重构：把握目标市场特性与偏好，全方位革新服务。国内某电商平台出海印度，增加客服人数、延长服务时间、优化退换货流程，融入当地服务文化。

（5）软件产品兼容性：软件产品不仅要确保系统兼容，更要做好本地化适配。某办公软件企业进入日本，优化翻译界面、调整功能布局、优化文档排版，提升了产品使用率。

## 案例研究

### 入乡随俗，重构破局

海底捞海外经营超 10 年，主要消费群体仍为海外华人和留学生，不过它志在从移民餐饮过渡到品牌餐饮，本土化是其终极目标。于是，海底捞在泰国推出酸辣口味的冬阴功锅底、在韩国推出参鸡汤和泡菜锅底、在日本推出寿喜锅和豚骨锅底，通过口味创新吸引当地消费者。

此外，海底捞还通过独特服务来吸引顾客，如餐厅内表演中国传统戏曲、舞蹈等，但在部分国家未被完全接受。比如2023年"科目三"舞蹈在印度尼西亚、日本等地的门店表演时，虽多数消费者对此表示感兴趣，但也有消费者觉得影响就餐体验。因此，文化差异曾给海底捞带来诸多困扰，比如在美国设立门店初期，就因为"热情服务"不被理解，甚至遭到媒体的差评；主动提供免费零食、礼品等服务，被部分外国人视为侵犯隐私，导致首家门店网络评价不佳。

### 4.1.2 在海外基地成立工程部

我曾于多家外企任职，发现很多跨国公司到中国来，首先设立工程部（Engineering Department），而不是通常我们所说的研发部（R&D Department），刚开始很多人并没有意识到这两者之间的区别。

跨国公司进入中国市场时，往往需要将先进的技术和产品进行本地化改造，以适应中国市场的特点和需求。设立工程部可以帮助公司更好地理解和适应中国市场的技术标准和规范，推动技术转移和本地化进程。同时，这个部门还可以与中国本地的供应商、合作伙伴和研究机构进行紧密合作，共同推动技术创新和产品升级。

此外，跨国公司进入新市场时，往往需要进行全面的风险评估和战略调整。设立工程部可以作为公司进入中国市场的一个试水步骤，帮助公司更好地了解当地的市场环境、竞争态势和法规政策。根据这些信息，公司可以再决定是否设立研发部以及其他相关部门。

由此可见，跨国公司到中国来首先设立工程部而不是研发部，有多方面的考量。这种策略有助于跨国公司更好地适应中国市场的特点和需求，推动业务的快速发展。

供应链出海时，可以借鉴跨国公司在中国的成功经验，采取一种高效的分工策略。具体来说，就是先设立一个工程部来负责产品重构和本地化工作。这个部门将深入了解当地市场需求，运用工程技术手段，对产品进行适应性改造和优化，以确保产品能够更好地满足当地客户的需求。

与此同时，中国的总部可以负责研发（R&D）工作，即基础性的研发和一些创新性、前瞻性的产品研发。总部将拥有更强大的研发资源和更专业的研发团队，能够专注于技术的突破和创新，为公司的长远发展提供技术支持和储备。

这样的分工策略有助于中国企业实现产品的快速迭代。本地化工程部门可以迅速响应市场变化，对产品进行适应性调整和优化；而总部则可以在后台进行持续的技术研发和创新，为产品的未来发展提供源源不断的动力。

### 4.1.3　在采购部设立国产化团队

许多跨国公司为推动国产化（出海语境下即本地化），在采购部门设立专门的国产化团队。此团队对接供应商与工程部、国外母公司，全力推进国产化进程，解决过程中的各类难题。如此一来，跨国公司能更好融入中国市场，还可降低成本、提升供应链效率与韧性，收获多重效益。

中国供应链出海企业不妨借鉴这一做法，在出海国家设立小型国产化团队，负责产品重构时的快速迭代，以便迅速适应本地市场需求。具体实施建议如下。

（1）明确职责：团队需深入调研当地市场需求与趋势，分析竞品特点，为产品重构提供市场导向；寻找并评估潜在本地供应商，建立稳定合作关系，保障供应链稳定可靠；依据市场调研结果，推动产品快速重构与迭代，使其契合本地市场；协调总部与本地团队间技术转移，助力技术落地。

（2）建立高效沟通机制：对内，与研发、生产、销售等部门紧密沟通，保障信息流通，共同推进产品重构与迭代；对外，和当地政府、行业协会、科研机构建立联系，获取政策支持与行业信息，为国产化创造有利条件。

（3）明确目标与规划：综合市场需求、供应链安全、技术可行性等因素，确定产品、技术或零部件的国产化替代重点领域；针对这些领域制订详细替代计划，涵盖时间表、技术路线、预期目标等，确保替代工作有序开展；制订项目实施计划，明确时间节点与责任人，跟踪进展，及时解决问题。

（4）灵活应对市场变化：时刻保持对市场变化的敏锐度，及时调整产品重构与迭代策略，快速响应市场需求变动；建立风险预警机制，提前识别并防范潜在风险，保障国产化进程顺利。

（5）借鉴成功案例与经验：学习跨国公司在采购部门设国产化团队的成功做法，结合自身实际进行本地化改进；在公司内部分享国产化团队的成功案例与经验教训，促进团队交流学习，提升整体国产化水平。

## 4.2　如何协同产品重构与供应链布局

产品重构是为了满足本地客户的需求，产品重构要考虑供应链效率，进行供应链顶层设计时也要考虑产品，二者相互要咬合。就像齿轮一样，每个齿轮都有自己独特的形状和功能，只有当它们紧密咬合在一起时，才能共同驱动整个机器运转。同样地，产品重构和供应链顶层设计也需要像齿轮一样紧密咬合，才能共同构建出高效、灵活的供应链体系，这是构建全球供应链的指导思想。

### 4.2.1 产品重构，要面向供应链

重构产品时，必须考虑供应链，考虑供应链的可采购性、可制造性和物流的便利性。而要做到这一点，必须对产品进行解耦。解耦（Decoupling），就像把缠成一团的线拆开，让线各自独立，它如同把复杂机器拆成一个个小零件，拆开产品各部分后，考察各部分的采购是否容易、制造是否便捷以及运输是否方便，如此便能依评估结果来灵活调整产品与供应链的相关安排。

在协同产品重构与供应链布局时，可以从以下几个关键方面入手。

#### 1. 组件标准化与通用性

在对产品进行定制化设计的同时，尽量提高组件的标准化程度。例如，消费电子企业在推出不同型号的智能手表时，可使表带接口、充电接口等关键组件保持一致。这不仅便于生产过程中原材料的采购与库存管理，降低供应链的复杂性，还能减少因零部件种类繁多导致的供应风险。当产品某一组件出现问题时，通用组件可快速替换，保障产品交付。

企业可参考汽车行业，实现不同车型的部分零部件通用化，如发动机的某些关键零部件在多种车型中都能使用。这样在供应链端，供应商可以大规模生产这些通用零部件，降低成本，提高供应效率。

#### 2. 生产工艺与供应链能力匹配

产品重构时，要确保新的生产工艺能与现有供应链的生产能力相契合。比如，服装企业计划推出一款采用新型面料和特殊缝制工艺的服装，在重构产品前，需评估面料供应商能否稳定供应该新型面料，以及合作的加工厂是否具备相应的缝制技术和设备。若现有供应链无法满足，可能需要寻找新的供应商或对现有供应商进行技术培训与设备升级，这会

增加供应链的管理成本和风险。

以苹果公司为例，在推出新的 iPhone 机型时，它会提前与供应商沟通产品的生产工艺要求，确保供应商能够在规定时间内提供符合质量标准的零部件，同时保证整个供应链的生产节奏与产品发布计划相匹配。

3. 物流与包装适配性

考虑产品的包装和运输要求对供应链物流环节的影响。如果产品重构后尺寸、重量发生变化，需要重新设计包装，确保包装既能保护产品，又便于在供应链各环节运输、存储和装卸。例如，大型家电企业在产品重构时，将产品设计得更加轻薄，那么包装材料和包装方式也要相应调整，以适应新的产品规格，同时降低物流成本。

电商企业在销售商品时，会根据产品的特性和运输距离，选择合适的包装材料和物流方式。对于易碎品，会采用更坚固的包装和更可靠的物流运输服务，以确保产品安全送达客户手中。这就要求企业在产品重构时，充分考虑物流和包装的适配性，以优化供应链总成本。

## 4.2.2　供应链设计，要契合产品

在构建供应链体系时，企业务必紧密围绕产品特性和市场需求，量身定制供应链方案。不同产品在性质、用途、市场需求与生命周期等方面千差万别，对供应链的要求也大相径庭。

1. 匹配产品特性设计供应链

在快速消费品领域，市场变化迅速，对产品新鲜度和供应及时性要求极高。这就需要供应链具备高度灵活性，各环节紧密协同，实现生产、

分销与补货的高效流转。比如饮料行业，需根据市场销量波动，快速调整生产计划，及时补货，确保货量充足。

对于大型机械设备这类耐用品，质量与长期服务支持至关重要。因此在供应链设计上，从供应商筛选、库存管理，到物流规划与质量把控，都要慎之又慎，全力保障供应链的稳定性与可靠性。像飞机制造企业，对零部件供应的稳定性和质量要求近乎苛刻。

### 2. 打造适配定制化产品的供应链

随着市场定制化需求的攀升，供应链必须更加灵活。3D打印技术赋能供应链，可依据客户个性化需求，在靠近客户处生产、组装产品。服装行业采用模块化生产，先产出标准服装模块，再按客户要求组合加工，满足多样化需求。

高端家具品牌也是典型例子，客户可自主选择材质、颜色、尺寸等。这就要求供应链深度整合原材料供应商、生产厂家与物流配送环节，在保证产品质量与交付时效的同时，快速响应定制需求。

### 3. 以柔性供应链应对产品变化

产品重构是常态，企业需设计柔性供应链。柔性供应链能迅速调整生产计划、切换设备与工艺流程，适应不同产品的生产需求。例如电子制造企业运用通用生产设备与模块化流程，在产品重构时，能快速调整生产参数，生产新型号产品。

快时尚品牌ZARA便是典范。它能紧跟市场流行趋势与消费者需求变化，快速调整产品设计与生产计划，短时间内将新款推向市场。它的供应链具备快速切换款式、小批量多批次生产的能力，能完美契合产品快速变化的节奏。

#### 4. 依产品生命周期制定供应链策略

产品处于不同生命周期阶段，供应链策略也应随之调整。在导入期，新产品进入市场，供应链要聚焦快速响应与质量保障。高科技产品在这一阶段，需与供应商紧密合作，确保关键零部件供应与质量，优化物流配送，让产品及时触达客户。

进入成熟期，供应链重点转向成本控制与效率提升。企业可通过优化采购渠道、整合生产资源、优化物流配送等举措，降低供应链成本。到了衰退期，处理库存与回收产品成为关键。电子产品企业与回收企业合作，对废旧产品回收再利用，既降低环境影响，又节省成本。可见，供应链设计必须深度考量产品各方面因素，才能实现高效运作与企业竞争力提升。

### 4.2.3 产品要定制化，但也要简化

重构产品也是一种定制化的过程，但定制化不能无限制扩大，因为产品复杂会导致供应链复杂度剧增。然而，不同国家、客户和场景的需求各异，为满足个性化又不得不增加产品种类，出海企业需平衡这一矛盾。

企业通常有原型产品，最佳方式是在保留原型的基础上进行定制。这就要求在产品设计时，预先设定"可定制"接口，明确标准与可定制部分。不要忘记，产品重构也包括软件层面。要依据目标市场的文化背景和价值观，调整色彩、图案等设计元素，适配当地审美，还要根据消费者特定需求增减功能，并提供精准的多语言支持。

为平衡定制化与供应链复杂度，企业可从三方面努力：用通用化满足定制，构建通用架构与模块库；借鉴钱币组合的思路，用有限模块满足多样需求；优化品类管理，深入剖析需求，识别关键因素，合理分类，防止过度细分。

## 📖 案例研究

### 小单快反，扬帆海外

希音（SHEIN）在布局全球市场的供应链出海战略中，极具前瞻性地锚定珠三角地区，依托其全球顶尖且完备的服装制造供应链优势，借助互联网强大的连接效能，构建起全球化柔性供应链网络。这一网络将珠三角的众多小作坊、创意设计师与海外市场紧密相连，开创出别具一格的"小单快反"供应链出海模式。

在该模式下，设计师创作新品后，希音会依据不同海外目标市场的特征，挑选适配工厂先进行小批量生产，如仅生产100件，随即投放至对应海外市场测试。一旦产品展现出爆款潜力，便即刻协调工厂扩大生产规模，全力满足市场需求。

而支撑希音"小单快反"模式高效运转的关键，在于基于供应链出海需求的产品重构策略，核心聚焦于提升供应链便利性。

简化产品设计，提升生产普适性：为契合海外"小单快反"对供应链高效运作的严苛要求，希音对产品设计做减法。在服装款式与结构上，精简复杂工艺与繁多零部件。这一举措让分布全球的合作工厂，不论规模大小及时区差异，都能轻松承接生产任务，极大缩短订单生产周期，保障产品快速交付。

优化面料选择，确保供应稳定性：面料是供应链出海的重要一环。希音一方面优先选用全球易获取、供应稳定的常见面料，从源头上保障原材料采购至生产加工环节的顺畅，避免因面料供应问题导致延误，确保产品按时出海。另一方面，积极探寻新颖特色面料，满足海外消费者的多元时尚需求。但在引入时，会提前全面评估其全球供应能力，保证在大规模生产时无面料短缺之忧，维持海外供应节奏稳定。

加速产品款式更新，契合市场时效性：为精准对接不同国家、地区消费者的时尚偏好，希音利用大数据分析与海外市场实时反馈，打造出敏锐的全球时尚洞察机制。其设计团队每日依据这些信息，迅速推出数百款新品，并快速组织供应链投入生产，通过高效物流配送至全球各地。如此一来，既及时响应了海外市场多变的时尚需求，又有效规避了库存积压的风险。

通过这些围绕供应链便利性的产品重构举措，希音成绩斐然。从产品设计到出货，周期仅为7～10天，远快于海外竞争对手的4～6周。库存管理上，其库存率能降至个位数，而同行平均库存率高达30%。

## 4.3 如何提升物料本地可采购性

在产品重构时，物料的当地可采购性是一个无法回避的关键因素。这绝不是一个可有可无的考量，而是关乎整个产品重构计划成败的核心要点。不仅关乎成本、交付速度，还关乎供应风险。

### 4.3.1 产品重构，三个考量因素

在供应链出海背景下，产品重构是一项关乎企业全球市场竞争力的核心任务。企业必须全面且深入地考量三个关键因素，以确保产品重构既能契合海外市场需求，又能保障供应链的高效与稳定。

1. 自制与外包策略

企业需基于自身战略目标、核心竞争力及成本效益等多维度分析，决定产品生产环节的自制或外包。自制可使企业对生产过程实现高度控制，保障产品质量，严守技术机密，且在应对市场波动时有更强的自主

性。但同时,需投入大量资金用于设备购置、人员培训及生产管理。外包则能借助外部专业供应商的规模经济与专业技术,降低生产成本,快速响应市场变化。不过,企业需对外包商进行严格筛选与监管,防范诸如质量不稳定、交货延迟及知识产权泄露等风险。例如,若企业拥有独特的生产工艺,将核心部件自制,而将非核心、劳动密集型的组装环节外包,既能发挥自身优势,又能优化成本结构。

### 2. 当地供应商技术能力

当地供应商的技术水平直接影响产品重构的质量与成效。企业需考察供应商在产品设计、生产工艺、质量控制等方面的能力。先进的设计能力可助力产品创新,贴合当地市场的审美与功能需求;精湛的生产工艺能保障产品精度与稳定性;严格的质量控制体系可确保产品符合国际标准。比如,在电子设备制造领域,若当地供应商具备高精度芯片封装技术,企业便能在产品重构中引入更先进的芯片,提升产品性能。此外,供应商的技术研发能力与技术更新速度也至关重要,能保证企业产品在快速迭代的市场中始终保持竞争力。

### 3. 着重关注原材料的易得性

原材料的稳定供应是产品重构与持续生产的基础。企业要评估目标市场当地原材料的供应情况,包括种类是否齐全、质量是否达标、供应是否稳定以及价格是否合理。优先选择当地储量丰富、供应渠道多样的原材料,可降低运输成本与供应中断的风险。例如,在服装制造行业,若当地盛产优质棉花且供应稳定,企业在产品重构时便可考虑以棉质面料为主打。同时,需关注原材料市场价格波动,通过与供应商签订长期合同、套期保值等手段,稳定原材料采购成本,确保产品成本可控,提升产品在海外市场的价格竞争力。

由此可见，中国企业在出海进行产品重构时，应全面考虑自制与外包策略、当地供应商技术能力以及原材料的易得性这三个核心方面。通过科学合理的规划和执行，企业能够顺利完成产品重构，提升产品竞争力和市场地位，为全球化战略的成功实施奠定坚实基础。

## 4.3.2 评估物料在当地市场的可采购性

产品重构时，物料在当地市场的可采购性影响成本、交付和合规等关键环节，是决定项目成败的重要因素。准确评估这一关键要素，是确保产品重构顺利推进、企业在当地市场稳健发展的必要前提。那么，究竟该从哪些方面着手，才能精准地评估物料在当地的可采购性呢？

### 1. 市场供应情况

（1）供应商资源：调查当地能提供所需物料的供应商数量、规模和分布，数量多、分布广的市场可采购性高。还要看供应商类型是否多元，如既有大型制造商又有小型经销商，可丰富采购渠道。

（2）物料稀缺性：分析物料在当地市场是常见通用的还是稀缺特殊的。若市场上该物料库存充足，供应稳定，可采购性就高；若是稀缺物料，供应受特殊因素影响大，可采购性就较低。

### 2. 采购成本与价格

（1）成本构成：明确当地采购物料的各项成本，如采购价、运输费、仓储费、税费等，计算总成本，与原采购地对比，若当地成本低则可采购性高。

（2）价格波动：研究当地物料价格历史数据和近期走势，价格稳定的物料便于成本控制，可采购性更有优势；价格波动大的物料会增加成本风险，影响可采购性。

### 3. 物流与交付

（1）物流基础设施：考察当地交通网络、物流园区、配送服务等是否发达，物流基础设施完善能确保物料运输及时、高效，提升可采购性。

（2）交付周期：了解从下单到收货的时间，短交付周期可减少库存积压和生产等待，提高供应链效率，使物料可采购性增强。

### 4. 质量与合规

（1）质量标准：对比当地物料质量标准与产品要求是否相符，质量达标的物料可采购性高；若存在差距，需评估改进成本和可行性。

（2）合规认证：确认物料是否符合当地法律法规、行业规范和环保要求等，合规物料可顺利采购和使用，否则可能面临法律问题，影响可采购性。

### 5. 市场信息与沟通

（1）信息透明度：当地市场关于物料的价格、质量、供应等信息是否容易获取，信息透明度高有利于准确评估和决策，提高可采购性。

（2）沟通协作：评估与当地供应商沟通的顺畅程度、合作的难易度，良好的沟通协作可高效解决采购中的问题，保障供应，提升可采购性。

## 4.3.3 邀请关键供应链伙伴早期参与

在产品重构工作中，邀请本地供应商早期参与（ESI），对提高物料本地可采购性、保障产品在海外市场顺利推进意义重大。本地供应商熟悉当地情况，能从多维度提供支持，帮助企业精准定位合适的物料来源。

下面综合笔者本人经历和受访者实践，给大家分享一些实战经验。

### 经验分享
#### 供应商早期参与机制设计

**1. 搭建深度协作流程，确保早期参与效果**

我曾接触过一家智能穿戴设备企业的供应链负责人，他提到在产品重构项目启动初期，团队组织了不下五轮的需求研讨会议。每次会议都邀请供应商的技术、生产、采购等多部门人员参与，大家围绕产品重构目标、市场定位与性能要求展开热烈讨论。企业和供应商一起绘制详细的产品开发时间表，精确到每个阶段供应商需要完成的任务和交付的成果。正是这样的深度协作，让供应商提前规划人力、物力资源，紧密配合项目推进。最终，该企业成功在预定时间内将新产品推向市场，供应商对关键组件的按时供应功不可没。

在设计环节，这家企业还设立了多个设计评审节点，鼓励供应商从物料供应、成本把控、生产工艺等专业角度畅所欲言。一旦供应商提出物料本地供应可能存在隐患，双方马上组建临时小组，共同探讨替代方案，形成了设计优化的良性循环。

**2. 构建灵活合作管控体系，避免过度依赖**

一位玩具制造企业的管理者告诉我，他们在引入早期参与供应商时，同时与五家本地物料供应商进行洽谈。通过建立完善的供应商资源库，详细记录每家供应商的优势和不足。在项目推进过程中，根据各供应商的供货表现，如交货及时性、产品质量等，动态分配订单量。这一做法有效避免了对单一供应商的过度依赖，防止任何一家供应商占据强势地位。

在价格管控方面，他们在签订合同时就明确价格调整条款，价格会随着市场原材料价格波动、采购量变化等因素进行动态调整。企业还会定期安排专人调研市场价格，和供应商坐下来协商价格调整幅度，并要求供应商提供成本明细，实现成本透明化管理。

### 3. 建立风险收益共担模式，激发合作积极性

产品设计开发过程中，难免遭遇成本超支、技术难题等挑战。企业与供应商签订协议，明确双方按约定比例共同承担风险，促使双方齐心协力解决问题，保障物料采购工作不受重大风险干扰。

有一家电子企业在产品设计开发过程中遇到了成本超支和技术难题。企业负责人与供应商坦诚沟通后，双方签订协议，约定按照4∶6的比例共同承担风险。在共同解决问题的过程中，双方团队紧密合作，最终攻克难关。产品成功上市盈利后，按照事先约定的贡献评估标准，合理分配收益。这让供应商后续更积极地挖掘本地优质资源，为企业长期稳定发展提供了坚实保障。

通过邀请本地供应商早期参与产品重构，从多方面深化合作，企业能够显著提高物料本地可采购性，有效降低采购成本与供应风险。

## 4.4　如何确保产品本地化合规

产品设计决定了产品属性、形态、构成与生产方式，这些因素决定了海关编码和工作岗位数量。海关编码直接关联着税率高低以及各类贸易限制条款，工作岗位的多少则影响着企业受当地政府的欢迎程度。毕竟，很多国家对企业本地化程度有明确要求，本地化程度高的企业，往往能获得当地政府的大力支持，甚至在政府项目投标中，本地化水平会被直接设为投标门槛。

在产品设计过程中，还要特别注意包装，它不仅涉及合规，还关联物流便利性。良好的包装设计不仅能避免因不合规导致的贸易阻碍，还能在运输过程中降低成本、减少损耗。

供应链出海面临诸多挑战，确保产品本地化合规是其中关键一项，涵盖产品安全、环保标准、知识产权等多个方面。这不仅是产品能否顺利进入当地市场的准入条件，更直接关乎企业品牌形象与长期发展前景。为确保合规，建议企业同时寻求海外华人咨询公司与本地咨询公司的专业意见。海外华人咨询公司熟悉华人企业的运营模式与需求，本地咨询公司则精通当地法规政策，两者相互印证、优势互补，能为企业提供全面且准确的合规指导。

### 4.4.1 产品重构，要考虑三个合规

出海不忘合规，产品重构时，要充分考虑合规，这是中国企业迈向海外市场的关键一步，其中，质量与技术标准、安全与环保标准、知识产权保护这三个合规性维度，是企业必须重视的核心要素。

#### 1. 质量与技术标准：市场准入的"通行证"

产品想进入目标市场，质量与技术标准是基础门槛。不同国家和地区标准各异，欧盟的 CE 认证在电子产品、机械产品等领域，对性能、可靠性等要求严苛。中国企业若想出口电子产品到欧盟，就一定要满足 CE 认证里电磁兼容等标准，不然前期投入就会白费。如今竞争激烈，仅满足基本标准还不够。比如，海尔在海外市场不断加大研发投入，突破制冷、智能控制技术，还按不同地区消费者习惯优化产品，如为欧美家庭设计大容量冰箱，靠优质产品和先进技术，在全球家电市场占据重要地位。供应链各环节协同也很重要，苹果与全球优质供应商合作，确保

各环节标准一致，保障产品品质。

### 2. 安全与环保标准：企业可持续发展的"生命线"

安全是产品的第一要素，关系着消费者的生命财产安全。美国消费品安全委员会严格监管消费品安全，曾有玩具企业因产品涂料含铅量超标被美国市场召回，遭受巨大损失。随着环保意识增强，环保标准成为产品合规的关键。欧盟不断升级汽车尾气排放标准，比亚迪积极响应，大力研发新能源汽车，采用环保材料、优化电池管理系统，产品在海外市场备受青睐，既符合当地环保法规，又推动了企业持续发展。

### 3. 知识产权保护：企业创新成果的"防护盾"

在知识经济时代，知识产权是企业的核心资产。专利保护企业核心技术，比如大疆在无人机领域持续创新，积累大量专利，出海时，面对模仿竞争，大疆靠专利维护了技术成果和市场份额，还通过专利许可与部分企业合作。商标和品牌是企业的独特标识，比如安踏在国际化过程中，在全球多地注册商标以防止被抢注，加大品牌建设投入，提升了国际知名度。企业在产品重构时要防范知识产权风险，比如三星和苹果的专利诉讼就警示中国企业，出海要建立完善的管理制度，提前防范风险，遇到纠纷要用法律武器维权。

在供应链出海的产品重构中，企业只有严守这三个合规性维度，不断提升产品品质与创新能力，才能在海外市场稳步发展。

## 4.4.2 要特别注意包装的合规性

在中国企业进军海外市场，进行产品重构时，包装合规性也是重中之重。下面从三个角度，结合真实案例，聊聊包装合规那些事儿。

### 1. 包装材料的环保合规

某中国电子设备制造企业打算开拓德国市场。德国对环保极为重视，电子设备包装材料的环保标准严苛。这家企业起初采用传统塑料包装，在进入德国市场接受评估时，险些因环保标准不达标被拒之门外。后来，企业研发团队紧急攻关，选用了可回收的改性塑料作为包装材料。这种材料不仅能在自然环境中较快分解，而且符合德国当地环保法规要求。凭借这一改变，企业顺利进入德国市场，还因环保理念收获了当地消费者的认可，产品销量稳步上升。

### 2. 包装标识的规范合规

中国一家灯具制造企业打算将产品出口至肯尼亚。在国内，灯具的包装设计主要围绕产品外观和照明效果展开，警示语仅有简单的"注意用电安全"，并且还是中文标注。包装图案也仅仅呈现灯具点亮时的模样，没有任何安全提示元素。

考虑到不同国家电压存在差异，出海前企业着重对灯具进行了电压适配工作，却完全没关注到包装方面的问题。企业没有意识到，肯尼亚对电气产品的包装标识有着严格规定，要求必须用英文和斯瓦希里语标注详细的安全警示，如"勿拆解灯具，防止触电"这类内容，同时还需要有清晰的防触电、防高温等图标。

产品进入肯尼亚后，由于包装标识不符合当地法规，被监管部门大量扣押。直到这时，企业才如梦初醒，紧急进行整改，重新设计包装，添加多语言警示语和安全图标。

### 3. 包装尺寸与重量的限制合规

一位在美国的中国老板计划将家具出口到美国。在国内，家具搬运多靠人工，所以包装设计主要考虑人工搬运的便利性。但到了美国，当地仓库普遍使用叉车搬运货物。他的家具包装尺寸过小，叉车无法操作，只能人工搬运，雇用的美国、墨西哥工人，又频繁出现工伤事故，工人搬运时稍不注意就会扭伤腰。无奈之下，老板只能亲自上手帮忙。后来，老板吸取教训，重新设计包装，增大尺寸以适配叉车作业，还严格按照美国对包装重量的限制，合理控制每件家具的包装重量。改进后，货物搬运效率大幅提高，也避免了工伤风险，产品在美国市场的铺货和销售变得顺畅起来。

### 4.4.3 要考虑海关编码和贸易限制

在产品重构的复杂过程中，中国企业需细致考量多个关键因素以确保产品顺利进入海外市场。以下是针对海关编码、贸易限制以及逆向物流要求三个方面的重新表述。

**1. 精确把握产品海关编码与商品归类**

海关编码是产品进出口的"身份证"，直接关联到关税、监管要求及市场准入。在产品重构时，中国企业必须精确确定重构后产品的海关编码，确保商品归类准确无误。这要求企业深入了解目标市场的海关法规，与海关部门或专业机构紧密合作，避免因编码错误导致的清关延误、额外税费或市场准入障碍。精确的商品归类不仅有助于提升通关效率，还能为企业规避潜在的法律风险。

**2. 全面考虑贸易限制与核心部件溯源**

贸易限制是产品出海不可忽视的阻碍。中国企业要全面梳理目标市场贸易政策，尤其关注核心部件生产地及占比的限制规定。过去常被忽略的"原产地证明",在供应链出海时影响重大,它决定关税税率与贸易限制程度。这个小小的证明,已经在指挥着制造业布局与奔跑。

企业有必要配备成本精算师,精确核算产值占比,据此决策是否从中国采购核心部件。毕竟,部分国家会对特定产地的核心部件实施进口限制或加征关税。故而,在产品重构时,企业要合理规划供应链,明确核心部件来源与占比,保证产品契合目标市场的贸易要求。

此外,随着全球贸易溯源体系日益完善,企业需建立有效溯源机制,确保产品从原料采购到生产加工各环节均可追溯,从容应对可能出现的贸易审查与监管。

### 3. 妥善应对逆向物流要求

逆向物流是产品出海后不可忽视的一环,特别是当产品需要退货或召回时。在产品重构时,中国企业应充分考虑目标市场对逆向物流的具体要求,包括退货政策、召回流程以及相关的环保与处置规定。这要求企业在产品设计阶段就注重产品的可拆解性、零部件的通用性以及包装材料的可回收性,以便在需要时进行高效处理。同时,企业应建立完善的逆向物流体系,确保退货产品能够及时回收、检测和处理,减少因逆向物流不畅而产生的损失,维护品牌形象和消费者信任。

由此可见,产品重构是一个系统工程,中国企业需从海关编码与商品归类、贸易限制与核心部件溯源以及逆向物流要求等多个方面进行全面考量。通过深入了解海关法规、合理规划供应链以及建立完善的逆向物流体系,中国企业就能够确保产品顺利进入海外市场,并在激烈的市场竞争中脱颖而出。

▶▶▶ **实战指南**

本章开头智汇科技的案例，就是产品重构与供应链冲突的一个例子。在出海拓展市场的过程中，企业需要对产品进行重构以满足本地化客户的需求。然而，产品重构往往会带来供应链的复杂性增加，导致采购、制造和便利性等方面的问题。因此，企业需要在产品重构和供应链之间找到一个平衡点。建议方案如下。

1. 优化产品设计

在保证产品满足东南亚客户需求的前提下，尽量简化产品设计，减少对新零部件和材料的需求。与供应链团队紧密合作，了解哪些零部件和材料在东南亚地区容易采购，哪些难以采购，然后根据这些信息调整产品设计。

2. 开发本土供应商

积极寻找东南亚地区或周边国家的替代供应商，培育新的采购渠道，降低采购成本，缩短交货周期。与供应商建立长期稳定的合作关系，确保供应链的稳定性和可靠性。

3. 提升制造工艺水平

对代工厂进行技术培训和提供生产调试的支持，帮助它们提升制造工艺水平，以满足产品复杂度的要求。可以考虑与有实力的代工厂合作，共同引进新的设备和技术，提高生产效率和质量。

4. 分阶段实施产品重构

不必一次性完成全部的产品重构，可以分阶段进行，逐步引入新的功能和零部件。这样既可以减轻供应链的压力，又可以逐步测试市场反应，及时调整产品策略。

# 第 5 章

# 流程优化：拉通堵点卡点，提升运作效率

供应链流程涵盖计划、采购、生产、交付及退货五大核心流程，涉及物流、信息流和资金流的高效流转。然而，当供应链出海时，环节增多、流程拉长，就可能导致效率下降、成本上升，具体表现为：不同国家市场需求差异大，计划难以精准；跨国采购沟通协调复杂，流程冗长；海外生产受当地环境、人力等因素制约，效率受限；跨境物流路线复杂、成本高企；交付环节因地区客户习惯差异，衔接不畅。这些问题严重影响了供应链的整体运作效率与成本控制。

因此，提升供应链效率，成为供应链出海必须应对的核心挑战之一。企业需通过优化流程，拉通堵点、消除卡点，实现供应链各环节的高效衔接与资源优化配置，从而提升整体运作效率。

## 开篇案例

### 流程冗长，痛则不通

有一家名叫海联科技的中国企业，其生产的高科技电子产品在国内市场非常受欢迎。为了进一步扩大市场份额，海联科技决定出海拓展欧洲市场。

然而，出海之后，海联科技却遇到了一个大麻烦：供应链环节变多、流程变长，效率自然就降低了。

原来，在欧洲市场，海联科技需要面对更多的分销商、物流商和海关等环节。每一个环节都需要花费时间和精力去沟通和协调，导致整个供应链的流程变得非常复杂和冗长。而且，因为文化差异和语言障碍，沟通起来也更加困难，经常出现信息传递不畅或者误解的情况。客户们开始抱怨交货太慢，甚至有些客户因此取消了订单。

另外，从2018年8月15日开始，欧盟WEEE（废弃电子电气设备）指令的管控范围覆盖到几乎所有的电子电气设备。退货后的电子产品若需报废处理，商家或回收处理机构需按规定进行分类、回收、处理等，以确保环保。海联科技面临着巨大的压力，有点儿不知所措。

如果你是海联科技的供应链总监，你会怎么处理呢？让我们带着这样的问题，开启接下来的内容。

## 本章导言

### 流程优化，从战略到执行思考框架

从战略层面看，流程优化的核心原则是从客户视角出发，整合计划、采购、生产、交付及退货五大核心流程。具体包括：优化预测流程，提升计划精准性；优化采购流程，减少库存积压；优化生产流程，提高生产效率；优化交付流程，缩短交付周期；简化退货流程，提升客户满意度。同时，需优化物流、信息流和资金流，例如优化运输路线与仓储布局以降低物流成本，实现供应链信息共享以提高透明度与响应速度，加强现金流管理以提高资金效率。总体目标是提高质量、降低成本、缩短交期、改善服务，即对内降本增效，对外为客户增值。

从执行层面看，流程优化需基于客户视角，运用 SCM321 方法论（三个流、两条主线、一个突破口），以"交付"为切入点，向内看，审视并改进从订单到交付（OTD）的全过程。通过 ECRS 方法（取消、合并、调整顺序、简化），优化供应链流程，实现准时交付、快速交付和柔性交付，最终提升客户体验。实操中，需重点关注订单处理、物流运输、供应商管理、库存管理、需求预测及交付。其中，需求预测是流程的源头，为其他环节提供信息输入；交付则是终点，直接决定客户满意度。

本章将深入探讨如何简化流程、缩短交期、降低总成本并促进供应链协同，同时特别分析退货流程的重要性。特别强调，忽视退货流程可能导致供应链出海面临重大损失，甚至失败。

## 5.1 如何优化供应链管理流程

### 5.1.1 优化五大流程，提高供应链效率

计划、采购、生产、交付、退货作为供应链的五大核心流程，对企业海外拓展成效起着决定性作用。企业出海后面临地域、文化、政策等复杂因素，各流程多个关键节点存在效率下滑、成本增加及风险加剧等问题，亟待深度优化。

1. 计划流程优化：精准洞察，协同共进

需求预测节点：出海企业面对不同区域 B 端客户，需求和下单习惯差异明显。比如，欧洲建筑市场规范严谨，客户偏好签长期合同，常常

提前数月下达采购计划。中东地区因石油经济与快速城市化，项目推进快，客户下单急。企业可通过历史订单，精准预测需求，避免盲目生产采购。

跨部门协同节点：出海供应链涉及多个海外分支机构和合作团队，信息传递不畅易导致计划执行偏差。企业通过搭建云信息共享平台，可实现销售、生产、采购等部门实时共享数据，借助平台数据分析功能，可协同调整生产、采购、计划，保障供应及时性。

### 2. 采购流程优化：本土深耕，数字赋能

供应商选择节点：跨国采购面临长周期、高成本和供应不稳定风险。如汽车制造企业在海外设厂后，积极开发当地零部件供应商，不仅能缩短采购周期、降低运输成本和关税支出，还能借助当地供应商对本土政策、资源的熟悉度，有效规避供应中断风险。

采购流程管理节点：传统采购流程烦琐、信息不透明。数字化采购平台能实现采购流程自动化和透明化，还可以实时监控采购进度、对比供应商的产品和价格，及时调整采购策略，降低采购成本，提高采购效率。

### 3. 生产流程优化：合理布局，精益管理

工厂选址节点：不同海外市场销售规模、消费需求和成本因素各异。某服装企业在东南亚设生产基地降低生产成本，在欧洲设小型组装厂，依当地需求调整产品，缩短上市时间。

物料准备节点：出海企业物料供应易受国际形势、物流等因素干扰。以手机制造企业为例，关键零部件依赖全球采购。企业需把握"推拉平衡点"，对需求稳定的电阻、电容等元器件，采用推动式策略，提前签长

约,在海外仓囤 3~6 个月用量;对需求波动大的高端芯片,采用拉动式策略,依订单和生产进度补货。

### 4. 交付流程优化:本地服务,智能管理

最后一公里配送节点:在海外市场建立本地化交付与售后团队,可解决因文化差异、物流基础设施不同导致的配送难题。某家电企业在欧洲多国设立客服中心和维修站点,当地员工熟悉本地语言和文化,能快速响应客户需求,降低客户投诉率。

订单处理节点:采用先进的订单管理系统,实现订单快速处理、精准分配和全程跟踪。某物流企业引入智能订单管理系统,根据客户地址和订单重量自动分配最近仓库发货,并实时反馈物流信息,缩短订单处理时间,提高交付准时率,避免因延迟交付产生的违约风险。

### 5. 退货流程优化:清晰政策,高效渠道

政策制定与沟通节点:不同海外市场消费习惯和法律法规差异大,退货政策不清晰易引发纠纷。某跨境电商平台针对欧美市场制定 30 天无理由退货政策,明确退货条件、流程和费用承担方式,并通过多种渠道向消费者宣传,提高消费者购物信心。

退货物流与处理节点:整合海外市场退货渠道,与当地可靠物流合作伙伴合作,搭建退货信息管理系统,实时跟踪退货产品状态。某快消品企业通过优化退货流程,缩短退货处理时间,加快资金回笼速度,降低库存成本和资金占用风险。

## 5.1.2 优化"三流",增强供应链竞争力

在供应链出海的复杂环境中,从物流、信息流、资金流三个关键维

度优化流程,是提升效率、增强竞争力的核心路径。

### 1. 物流优化

(1)精准规划运输路线。

组建专业物流规划团队,成员包含熟悉各地运输政策、路线以及行业经验丰富的人员。以在东南亚设厂、产品销往欧洲的家具制造企业为例,其团队在实地考察采购材料产地、工厂布局和客户分布后,与海运、陆运供应商协商,设计出先海运至欧洲主要港口,再用陆运专线直送工厂的路线。这一优化让运输时间缩短近三分之一,成本降低20%。

(2)搭建本地化配送网络。

与海外当地熟悉路况、口碑良好的物流企业合作。比如在欧洲设厂的汽车零部件企业,和当地物流商共建配送中心,依据客户区域划分配送专线,实现当日或次日达,配送效率大幅提升。

### 2. 信息流优化

(1)构建标准化订单信息流转机制。

从接收客户订单起,建立统一信息模板,明确必填项与格式。销售团队收到订单1小时内,录入产品型号、数量、交货时间等关键信息,通过即时通信工具通知生产、采购部门。

(2)建立跨部门协同沟通流程。

生产部门收到订单信息2小时内,结合产能与排期评估交付可行性,若有问题立即与销售部门协商。采购部门同步核算原材料缺口,24小时内制定采购初稿并与供应商沟通。每周定期召开跨部门协调会,解决信息传递问题。

(3)打造订单全流程跟踪反馈体系。

通过邮件、短信向客户实时反馈订单进度，内部建立异常预警机制，一旦出现生产延误等情况，30 分钟内启动应急预案，及时通知各方。

3. 资金流优化

（1）合理选择结算货币。

深入分析目标市场货币的稳定性、汇率走势以及与本币的关联程度。在与海外供应商签订采购合同或向海外客户销售产品时，优先选择汇率相对稳定的货币作为结算币种。

（2）运用金融工具对冲汇率风险。

借助远期外汇合约、外汇期权、货币互换等金融衍生工具。比如，企业预计在三个月后有一笔大额美元收入，通过与银行签订远期外汇合约，锁定当前美元兑人民币汇率，无论未来三个月内汇率如何波动，都能按照约定汇率进行兑换，确保收益稳定。

（3）加强财务协同与监控。

总部与海外工厂统一财务核算与监控体系，每日汇总资金收支数据，利用财务软件监控流向，发现异常立即调查，保障资金安全。

▦ 案例研究

## 优化三流，链通印度尼西亚

中兴通讯是一家全球领先的综合通信与信息技术解决方案提供商，业务覆盖 160 多个国家和地区，在面对印度尼西亚复杂的市场时，从物流、信息流、资金流三个维度实施优化举措，有效提升了供应链出海效能。

1. 物流角度

在印度尼西亚，中兴通讯结合通信设备特点与项目需求，和当地物流企业合作定制方案。针对偏远地区，采取陆运、空运联运方式，保障设备按时安全送达,还通过合理规划仓储布局、设中转仓库等措施,减少搬运存储时间,降低成本,提升物资流转效率。

### 2. 信息流角度

实施 SPIRE 战略,打造智能采购协同平台与全球采购智能决策支撑平台,实现采购线上化作业,信息实时共享。运用大数据等技术监控分析采购业务,设红点预警驱动提效,构建画像进行趋势预测和风险识别,助力科学决策。

### 3. 资金流角度

与当地金融机构合作,利用当地金融政策和融资渠道获取资金支持。优化财务管理流程,引入电子、跨境支付等方式,缩短结算周期,加快资金周转,降低成本与风险。

中兴通讯通过对"三流"的优化,提升了供应链出海效能,为其他企业海外拓展提供了参考范例。

## 5.1.3　优化产销平衡会,拉通供应链

在供应链出海背景下,供应链各环节之间不协同带来的供需对接不精准的情况尤为突出。这导致货物供应经常出现断货或者积压,进而拉高库存成本,影响整体运营效益。所以,高质量的产销平衡会,可以拉通供应链各环节,助力企业实现供需之间的精准对接,提升供应链运作效率,有效降低库存成本。

### 案例研究

#### 产销平衡,美的制胜

美的集团作为知名家电企业,在海外拓展中曾遇供应链供需对接难

题。在东南亚市场，起初各部门独立运作，问题凸显。

销售部门依当地调研等预估产品需求向生产部门下单，却因对生产基地产能、原材料供应了解有限，所下订单量常与实际产能脱节。生产部门按自身计划生产，对当地市场因季节、节日促销等引发的需求波动响应不足，导致旺季供货不足，错过销售时机，淡季库存积压，库存成本攀升，还影响了品牌形象。

为此，美的强化产销平衡会机制。参会人员涵盖总部海外业务高层、海外销售、海外生产基地供应链、生产及财务等核心成员，大家带贴合实际的数据参会。

会前，销售部门收集东南亚各市场销售数据，结合当地形势预测需求；生产部门统计生产线产能、效率、库存等关键信息；采购部门汇报采购价格、供应商开发等情况。各部门通过预沟通明确会议目标，如实现下季度供需精准匹配、提升库存周转率等，确定议程并协调小分歧。

正式会上，各部门围绕供需对接深入研讨。销售部门详述东南亚各国消费特点，如泰国对空调功能的偏好、越南厨房家电需求旺季等，以及各销售节点销量预期。生产部门依据当地基地产能扩充、设备维护、工人技能提升等说明生产和交付安排。各部门充分交流，分析库存积压或供应短缺风险，共同制订契合当地的销售与运营计划，明确每月不同产品的生产数量、发货时间及营销、交付策略，保障供需匹配。

会后，各部门将共识转化为执行计划，明确各部门及责任人任务和时间节点，如何时完成本地化采购、生产何时下线产品等。同时设立关键绩效指标，如库存周转率、订单按时交付率、缺货率等，监控执行情况，对偏差及时复盘调整。

通过高质量产销平衡会，美的在东南亚市场成效显著：库存积压改善明显，供货不足问题大幅减少，供应链运作效率显著提高。这充分展现了产销平衡会在供应链出海中精准对接供需、降成本、提效率的重要作用，为其他企业提供了借鉴范例。

## 5.2 如何提升供应链反应速度

前面讲流程要短，这里强调流程要快。出海后，流程变长，效率变低，所以，除了精简流程外，必须提高反应速度。

### 5.2.1 缩短四个周期，实现快速交付

在供应链出海的复杂环境下，缩短订单处理、采购、生产及物流配送这四个周期，对实现快速交付至关重要。每个周期都有其独特的关键节点，针对这些节点采取有效措施，能显著提高供应链效率。

1. 订单处理周期

关键节点：跨国信息对接与审核。出海业务涉及不同国家和地区的客户，语言、时区和商务习惯差异大，订单信息在传递和审核过程中容易出现延误和错误。

缩短方法：构建多语言智能订单处理平台。平台支持多种常用语言，客户下单时可选择母语录入订单信息，系统利用先进的翻译和识别技术，自动将信息准确转化为企业内部处理语言，并完成初步审核。比如中国一家工业自动化设备制造商，产品出口多个国家，以往因语言障碍，B端客户订单处理慢，平均需要3~5天。引入该平台后，客户用母语下单，信息瞬间转化对接内部系统，处理时间缩至1天内，高效响应客户需求。

### 2. 采购周期

关键节点：跨国供应商沟通与交付。海外供应商受地域、政策、物流等因素影响，沟通难度大，交付时间不稳定。

缩短方法：建立海外区域采购中心。在主要供应商集中的地区设立采购中心，配备熟悉当地市场和文化的采购团队。让它们与供应商保持紧密的沟通，实时掌握供应商生产进度和物流状态。如某汽车制造企业在东南亚设立采购中心，负责当地零部件采购，采购团队提前了解供应商原材料储备情况，在供应商遇到生产问题时，能迅速协调解决，使采购周期从原来的平均45天缩短至30天左右。

### 3. 生产周期

关键节点：海外工厂原材料供应与生产排期协调。海外工厂面临原材料跨国运输、不同地区市场需求波动等问题，原材料供应和生产排期容易脱节。

缩短方法：实施区域协同生产计划与VMI（供应商管理库存）模式。根据不同海外市场的需求特点，将临近区域的生产任务进行统筹规划。同时，与主要原材料供应商合作实施VMI模式，供应商在海外工厂附近建立仓库，根据工厂实时生产数据自动补货。例如，某服装企业在欧洲多个国家设有工厂，通过区域协同生产计划，合理分配生产任务，结合VMI模式确保原材料及时供应，生产周期缩短了约35%。

### 4. 物流配送周期

关键节点：跨境物流清关与最后一公里配送。跨境物流涉及复杂的海关手续和不同国家的物流基础设施差异，清关延误和最后一公里配送效率低是常见问题。

缩短方法：与专业跨境物流服务商合作并建立本地配送网络。选择熟悉各国海关政策、拥有高效清关团队的物流服务商，提前准备清关文件，确保货物快速通过海关。同时，在目的国建立本地配送网络，与当地优质配送商合作。如某电子产品企业与 DHL 等跨境物流服务商合作，利用其清关优势，在欧洲各国与当地邮政或快递企业合作完成最后一公里配送，物流配送周期平均缩短了 40%。

## 5.2.2 优化供应链策略，平衡速度与成本

在供应链出海时，企业需精准平衡速度与成本，合理运用按订单生产、按库存生产策略，把握推拉平衡点并结合延迟制造策略，是解决这一难题的关键。

### 1. 按订单生产：精准响应，降本提效

按订单生产（Make-to-Order，MTO）属于"拉式"生产模式。企业依据海外客户订单启动生产与配送，将推拉平衡点后置，减少市场预测依赖，减少库存积压。例如，定制家具出海企业接订单后才进入组装、涂装等定制环节，可以避免提前生产的高库存与产品不匹配问题，既降低库存风险，又快速响应客户需求，提升交付速度与客户满意度。

### 2. 按库存生产：批量生产，兼顾时效

按库存生产（Make-to-Stock，MTS）偏向"推式"生产，企业基于海外市场需求预测生产配送，前置推拉平衡点，借批量生产降低成本。如电子产品制造企业生产智能手环，先按通用模块批量生产并储备库存，接订单后再差异化配置功能模块，既保证生产效率，又缩短交付时间，增强市场竞争力。

### 3. 解密推拉平衡点

推拉平衡点是供应链中"推式"与"拉式"生产的分水岭。"推式"生产基于预测，适合需求稳定、标准化高的产品；"拉式"生产依订单而动，适用于需求波动大、个性化强的产品。企业精准设置该点，能在高效生产、快速响应市场变化与降低库存风险间找到平衡。

### 4. 延迟制造：灵活应变，优化成本

延迟制造即推迟产品差异化或定制化，使产品长时间保持通用状态，接单后再个性化处理。如服装出海企业先生产基础款，接单后再进行印花等装饰。延迟策略形式多样，包括生产、物流延迟等，旨在延长通用状态时间，提升供应链对速度与成本的平衡能力。

实践中，可以结合实际情况，灵活应用上述策略，既满足客户对速度的要求，又满足企业对成本的要求。

## 案例研究

### 延迟制造，破局市场

2019 年，联想欧洲业务发展迅猛，原有供应链布局却弊端频出。当时，联想依托 10 年前在欧洲设立的中转仓库，为 EMEA（欧洲、中东和非洲）市场供货。代理商下单后，联想需从全球调集货物，在长途运输中，海洋气候异常、地区突发状况等，让供货之路充满坎坷。

货物抵达中转仓后，客户又常就产品颜色、非关键细节提修改要求，以此逼迫联想降低出货价。为避免损失扩大，销售部门只能被迫让步，利润大打折扣。

随着 EMEA 市场销量向中美市场看齐，联想决定在当地开设工厂，

并运用延迟制造策略。工厂提前储备大量通用部件与原材料，将推拉平衡点后置。客户提出定制化需求后，不再像从前那样需经历漫长的全球调配和从头筹备，而是直接基于工厂内的通用部件，快速完成定制化生产环节。比如客户对产品外观有特殊要求，工厂能迅速响应，马上加工。这一改变不仅杜绝了被迫让利的情况，还显著提升了交付速度，极大增强了联想在当地市场的竞争力。

### 5.2.3 识别关键资源，做好齐套管理

出海企业在全球范围内拥有多个供应与生产基地，确保零件齐套对于生产装配完整产品至关重要。任何零件的缺失都会阻碍整个生产流程。显著提升交付效率的核心在于精准识别并高效管理那些对交付时间影响最为显著的关键资源，同时强化齐套管理，确保供应链最后一公里的顺畅。

关键资源主要分为以下四类。

（1）交货周期长的零件：这类零件因采购、生产或物流的复杂性，往往交付缓慢。针对此类零件，需实施重点管理，包括提前预测需求、优化采购策略及加强生产调度，以期最大程度缩短交货周期。

（2）体积庞大的零件：大体积零件在运输与存储中占用空间大，易导致物流瓶颈与仓库拥堵。优化管理策略包括采用集装化与标准化包装，提升运输与存储效率，并深化与物流服务商的合作，确保货物及时送达。

（3）高价值零件：这类零件价值高，对项目成本与利润影响重大。因此，需实施精细化管理，包括严格质量控制、精确库存管理及合理采购策略，以降低采购成本、减少库存积压，提升资金利用率。

（4）瓶颈物料：作为供应链管理的关键环节，瓶颈物料对生产过程

具有决定性影响，其供应状况直接关乎生产流程的顺畅程度。尽管某些瓶颈物料价值不高，但其缺失或到货延迟可能导致整个生产线停滞。有一个出海企业，就是因为单位成本几元钱的小物料要从中国国内运过去，从而使得其他百万级的物料在库房或生产现场、客户现场待命。因此，需为瓶颈物料建立合理的安全库存，以应对突发情况，保障生产的连续性与稳定性。

由此可见，出海企业若要缩短交付时间、加快交付进程，就必须精准识别并优化管理关键资源，同时运用齐套管理策略进行精细化管理。只有如此，才能在激烈的市场竞争中保持领先地位，实现企业的可持续发展。

## 5.3　如何降低供应链出海总成本

出海企业在构建跨国供应链网络时，准确计算和控制供应链总成本是一项重大挑战。一位在美国的中国留学生分享过这样的经历：他创办工厂后从国内采购货物，国内供应商为节省运费，选择不使用托盘装载货物，以增加单次运输量。但货物运抵美国后，因无托盘，只能依靠人工装卸。而美国人工成本高昂，且人工装卸还易因操作不当引发工伤事故。要知道，在国内人工装卸较为常见，可在美国，叉车才是主流装卸工具。由此可见，在供应链出海过程中，企业不能仅关注供应链单一环节的成本，而要全面考量供应链的总成本，避免因小失大。

### 5.3.1　五要素，构建总成本模型

供应链出海改变了原有的成本结构，比如人工成本、物流成本、服务成本支出都与国内不同，因此，核算供应链总成本更加重要，实践中，

企业要特别关注在国内运营时可能关注不到的地方。供应链总成本涵盖了从原材料采购到产品交付给客户的全过程中发生的所有费用。我在做全球采购经理时，经常使用五个要素来分析供应链总成本，这五个要素是采购价格、获取成本、持有成本、使用成本和处置成本。

### 1. 采购价格

采购价格即企业购买货物的直接成本，受供应商选择、采购批量、市场供需关系等因素影响。一家出海服装企业，为降低采购价格，从东南亚某国采购面料。签约时只关注单价，忽视了该国不稳定的政治局势。随后当地爆发冲突，运输受阻，为赶制订单，企业只能紧急从其他高价地区采购，不仅采购价格大幅上升，还因延误交付面临客户巨额索赔，总成本剧增。出海企业选择供应商时，地缘政治风险等潜在影响不容忽视。

### 2. 获取成本

获取成本包括采购过程中的诸多费用，如供应商考察、频繁沟通等交易成本，以及差旅费、招标费、检验费等。某中国家具企业开拓欧洲市场时，为获取优质木材，与非洲某供应商合作。由于对当地海关政策了解不足，货物到达欧洲港口后，因文件不全、归类错误，面临长时间滞留与高额罚款。企业不仅支付了额外的清关费用，延误还导致后续生产计划被打乱，加急赶工增加生产成本。在海外采购时，对当地海关政策、法规获取不充分会极大增加获取成本。

### 3. 持有成本

持有成本涵盖仓储费、资金占用成本、库存损耗等。一家跨境电商企业从国内以人民币采购商品发往美国销售，旺季前大量囤货并租下大型仓库，然而未充分考虑美国市场季节性波动和汇率变化。旺季结束后，企业库存积压严重，仓储费用持续增加。因销售以美元结算，本应及时销售回笼的资金受到库存积压影响，其间美元大幅贬值，换算成人民币后，库存商品对应的价值缩水，资金回笼减少。企业在规划海外库存时，不仅要考虑仓储本身，还需紧密关注市场波动与汇率走向。

### 4. 使用成本

使用成本主要涉及产品投入使用阶段的成本，像设备的维护保养费、能耗费等。某出海制鞋企业，在东南亚设厂采购设备时，只看重价格低廉，未考虑当地电力供应不稳定和电费高昂。设备运行后频繁因电压不稳损坏，维修成本高。而且高额电费使运营成本远超预期。在海外采购设备，当地基础设施与能源成本差异必须纳入考量。

### 5. 处置成本

处置成本是指产品退回或设备报废处理时产生的成本，如废弃物处理费、设备拆除费等。国内一家家电企业在欧洲销售产品后，因不熟悉欧盟严格的电子废弃物处理指令，未建立合规回收体系，被当地环保部门查处后，面临巨额罚款与强制整改费用。出海企业在海外运营时，必须提前熟知当地处置法规，建立配套体系，避免产生高额处置成本。

出海企业按照这五个要素构建总成本模型后，要运用敏感性分析，明确各成本要素变动对总成本的影响程度。如经分析发现，在特定时期，持有成本的变动对总成本影响最为显著，企业就应重点优化库存管理策略。同时，企业在决策时不能孤立看待某一成本的降低，要从总成本模型出发，综合权衡各要素，实现供应链总成本最低。

### 5.3.2 跨部门协同降本

供应链出海后流程变长,协同难度增加,信息反馈变慢。若部门各自为战,虽单个成本看似降了,但总成本易严重上升,所以企业需制定协同降本流程,避免此类问题。

### 案例研究

#### 协同降本,绩效倍增

格林美作为全球废弃资源循环利用领域龙头企业,在印度尼西亚的青山工业园建设了青美邦园区,主要业务为镍矿湿法冶金。起初,园区所需物资在国内集中采购时,各部门独立运作,缺乏协同,使得物资供应效率低下,采购成本上升。后来,通过推动跨部门协同,格林美部分商品采购成本降低了18%,采购效率提升了30%。

以下是格林美通过跨部门协同降低供应链出海成本的详细举措。

#### 1. 独立运作阶段

起初各部门独立运作,带来诸多问题。

采购部门:负责为园区在国内集中采购物资,流程烦琐,需与多个内部部门及外部供应商反复沟通协调,效率低下。而且因未充分考虑出口退税及进口国关税政策,很多物资无法享受相应优惠,导致采购成本居高不下。

生产部门:由于采购物资供应不及时、不稳定,时常出现原材料短缺情况,生产进度被迫中断或延缓,额外增加了设备闲置成本以及赶工成本。

物流部门:自行规划运输路线和安排发货时间,缺乏与其他部门的信息共享与协同,常出现运输计划与生产需求不匹配的情况,比如物资提前大量到货积压，增加仓储成本，或者到货延迟影响生产，耽误产品交付时间。

**2. 跨部门协同阶段**

后来格林美与京东工业合作，开启跨部门协同降本之路。

（1）采购协同。

协同方式：京东工业搭建数字化平台，各部门通过平台进行紧密协作。生产部门依据生产计划在平台上精准提报物资需求，采购部门能实时获取并汇总，然后利用平台向供应商询价、下单。同时，京东工业凭借专业优势，协助采购部门梳理商品清单，筛选出符合出口退税和进口国关税减免条件的商品，并提供出口授权。

解决的问题：解决了采购流程烦琐、沟通成本高以及无法享受政策优惠的问题，让采购环节更加规范、高效且成本可控。

（2）生产与物流协同。

协同方式：生产部门将详细的生产进度安排、物资需求时间节点等信息共享给物流部门，物流部门据此与京东工业共同规划最优运输方案，合理安排发货时间、运输路线以及运输方式，确保物资能按时、按量精准送达园区。同时，物流部门实时反馈运输状态给生产部门，便于生产部门提前做好接收准备。

解决的问题：解决了物资供应与生产需求脱节、运输安排不合理导致的仓储成本增加和生产延误等问题，保障了生产的连续性，提升了整体运营效率。

**3. 协同效果**

通过推动跨部门协同，格林美青美邦园区取得了显著效果：部分商品采购成本降低了18%，综合采购效率提升了30%，生产进度得以稳定推进，产品能按时交付海外市场，有效降低了供应链出海成本。

### 5.3.3 优化交易流程，降低交易成本

供应链出海时，企业可能因面对陌生供应商和海外团队，交易环节繁杂，出现交易成本高企的问题。可从交易前、中、后三阶段，采取以下针对性措施降低成本。

#### 1. 交易前：建立信任，协同工作

（1）建立长期合作关系：精选供应商，与供应商建立长期合作关系，增进彼此的信任与默契，提高协同效率，降低误解引发的纠纷与沟通成本。

（2）构建信任基础：借助第三方信用评级机构对供应商进行信用评估；运用区块链技术的不可篡改性与透明性，建立供应链追溯系统，提升供应链的透明度与信任度。降低因信任缺失产生的额外沟通与监督成本。

#### 2. 交易中：优化流程，高效沟通

（1）精简沟通环节：全面梳理沟通流程，去除不必要的环节与审批，明确各环节责任人与时间节点。采用项目制管理，为每个交易项目指定负责人，负责协调各方沟通，确保信息传递及时准确，避免因沟通不畅造成误解与延误，降低相应成本。

（2）统一沟通标准：选定通用数字化沟通工具，如即时通信软件、视频会议平台等，要求各方统一使用，减少工具差异带来的适应成本。制定语言表达、文件格式、数据接口等统一沟通标准，提升沟通效率，消除因标准不一致产生的沟通障碍成本。

（3）定期沟通机制：建立常态化会议制度，建议采用预约会议形式，减少临时会议。这有助于相关人员提前安排工作，准时参与会议，提高

会议效率。临时会议看似高效，实则易打乱他人工作节奏，降低整体工作效率。

（4）制定合同模板：由法务、财务等专业人员制定标准化合同模板，涵盖常见交易条款。谈判时依具体交易微调，减少谈判时间与分歧。针对大宗或长期合作，集中谈判并签订框架协议，锁定优惠条款，避免频繁谈判，降低谈判成本。

3. 交易后：强化管控，巩固合作

（1）自动化执行与监控：运用 EDI 等技术，实现订单下达、发货、结算等流程自动化，减少人工干预，降低操作失误成本。搭建实时监控系统，对货物运输、交付进度等关键环节实时跟踪，及时发现并解决问题，避免延误造成的额外成本。

（2）争端解决机制：设立专门的争端解决团队及相关机制，团队成员包括法务、业务专家等。一旦交易出现争端，争端解决团队迅速介入，依据合同条款及相关法规，高效协商解决，避免争端升级导致的长期法律纠纷，以及由此产生的高额法律费用及时间成本，维护与供应商的良好合作关系，保障供应链稳定运行。

## 5.4 如何确保退货流程顺畅

退货流程是供应链五大核心流程之一。外国与中国的退货法规、客户习惯存在差异，因此企业在出海前，就需要充分考虑并规划好退货流程，否则可能会产生客诉、增加成本，甚至影响出海的成功，危及企业的生存。一个顺畅的退货流程，不仅能提升客户服务体验，还能帮助企业从退货数据中获取有价值的信息，用于产品改进和服务优化。

### 5.4.1 关注三项法规和一项制度

在供应链出海时,中国企业必须重点关注与退货相关的三项法规和一项制度,同时兼顾跨文化敏感性,如此才能保障运营合规,助力海外市场拓展。

#### 1. 三项法规需牢记

**海关和税务规定**:企业要全面掌握目标市场的海关、税务政策及规定,像各类税费以及退税、免税细则等,这关乎退货税务处理。不清楚进口商品退货关税办法,易出现税费缴纳差错,影响成本与合规。例如,退货时若误判税费,可能多花钱或面临合规风险,所以精准把握海关和税务规定至关重要。

**废物处理法规**:退回产品中,过期或成危险废物的产品,须依规妥善处置。各地区有专门回收、处理、再利用废物的流程,企业务必严格遵守,防止污染环境。比如含汞电子产品退回,要按当地环保法规,交给专业机构无害化处理,绝不能随意处置。

**包装材料规定**:许多国家对包装材料的环保要求严格,会限制使用某些塑料或倡导使用可降解材料。企业退货流程中,包装材料须符合当地标准,否则有合规风险。像欧洲部分国家严控不可降解塑料包装,企业若忽视,包装就可能"踩雷"。

#### 2. 一项制度要遵循

**商品召回制度**:这是重要市场监管制度,产品有安全隐患或不符合标准,相关方会启动召回程序,涵盖从发现缺陷到后续跟进各环节。企业需清楚并严格执行,如儿童玩具有小零件易脱落风险,就得依规迅速召回处理,保障消费者安全。

此外，还应注意以下跨文化敏感性。

时间观念：了解目标市场的时间与工作习惯很关键，利于合理安排退货时间。有的国家周末、节假日不办公，企业就得避开这些时段安排相关事务，避免给客户添堵。

个人隐私保护：很多国家特别重视个人隐私，这一点我们需要特别注意。如中国企业向欧洲客户销售智能手环，退货时若泄露客户全名、详细地址，违反隐私法规，易引发不满和纠纷。企业要确保退货中仅用必要标识信息，充分保护隐私。

## 案例研究

### 印度退货，出海之殇

某著名手机品牌在进入印度市场时，曾因退货流程遭遇棘手情况。

印度消费者对手机期望高，法规倾向于保障消费者权益，手机若出现屏幕显示、拍照成像等方面的主观质量问题，消费者有权退货。

该品牌在初始阶段并未针对印度市场完善退货流程。当大量退货诉求涌现，一系列问题随即暴露。线下门店与售后部门在退货手机的交接标准与流程方面存在模糊不清的情况，导致信息传递延迟且出现偏差，众多退货手机无法及时得到妥善处理。

此外，印度地域辽阔，物流网络发展不均衡。退货手机在运回国内进行检测时，运输耗时极长，成本高昂。同时，在海关清关环节，该手机品牌由于对相关手续要求掌握不准确，致使货物滞留，不得不支付额外费用。

这些问题导致该品牌不仅在印度的售后成本增加，而且收到诸多消费者投诉，影响了该品牌在当地的满意度。

这个案例提醒中国出海企业，在设计供应链出海流程时，要特别注意退货流程，要充分考虑文化差异和法律法规，确保退货流程顺畅合规，为海外业务的持续发展筑牢根基。

### 5.4.2 提升客户体验

在供应链出海的大背景下，优化退货流程对于提升客户体验、稳固海外市场份额有着举足轻重的作用。以下几个关键方面值得企业重点关注。

#### 1. 合同明确，筑牢基础

在跨境销售合同中，退货条款必须清晰且详尽。要明确列出不同情况下的退货条件，例如因产品质量不符合国际标准、运输途中损坏或是与宣传不符等可退货；规定好具体的退货期限，考虑到国际物流时长，合理设置时长范围，比如 30 天或更长；退款方式要明确是通过国际支付平台原路退回，还是采用其他双方认可的安全方式；运费承担方面，需分清是由企业承担还是由客户承担，或是依据责任归属来确定。

同时，对于制造企业而言，涉及原材料进口、海外加工半成品或成品销售的退货情况，细致划分责任至关重要。比如某服装制造企业，产品出口海外，面料合同里就明确了若因面料供应商提供的原材料不符合环保标准，导致海外客户退货，面料供应商需承担相应的召回、重新生产等成本，避免后续出现责任推诿、纠纷不断的情况，从源头保障各方权益。

#### 2. 方便快捷，提升效率

简化流程：设计符合海外客户习惯的简洁退货流程，提供线上线下多种便捷渠道。线上可通过企业国际官网、海外电商平台设置清晰的退货申请入口，客户按提示填写信息就能发起申请；线下可与海外合作的实体店铺、物流代收点等协作，方便客户直接退货。

高效响应：搭建跨国的专业客服团队，利用多语言智能客服系统，快速响应客户的退货请求。如一些向海外大型连锁商超供货的企业，针对商超大批量采购的退货情况，制定灵活政策，延长退货期限至数月，简化退款审核流程，确保退款能通过国际汇款等方式及时到账，减少客户等待时间，提升满意度。

### 3. 透明沟通，赢得信任

在整个退货处理阶段，与海外客户保持透明沟通是关键。企业应通过邮件、国际物流信息跟踪平台等及时告知退货的物流状态、检验进度以及预计的退款时间等内容。对于像智能家电这类技术含量较高、需要安装调试的出口产品，不仅要在退货政策里清晰界定技术支持和售后的具体范围、责任，还要配备多语言的售后技术团队，随时为客户答疑解惑、解决问题，增强客户对企业的信任感，树立良好的国际品牌形象。

总之，企业在供应链出海场景下，用心优化上述退货流程的各个环节，就能有效提升客户体验，增强在海外市场的竞争力，推动业务持续稳健发展。

## 5.4.3 要将坏事变好事

在企业供应链出海的复杂场景下，退货现象绝不应被视作海外客户的挑剔或刁难，而应看作提升自身的绝佳契机。海外客户的每一条意见都犹如珍贵的宝藏，企业需用心倾听、认真对待，借此优化退货流程，提升客户体验，进而提高供应链运作效率，实现更好的发展。以下是关键举措。

### 1. 产品改进，契合海外需求

**精准锁定问题产品**：深入分析海外退货数据，从中精准找出那些频繁被退回的产品。例如，某家电企业拓展海外市场后，发现其一款小型电烤箱在欧美地区的退货率颇高。经过仔细梳理退货原因，发现是烤制功能不符合当地消费者习惯，温度调节范围不能满足烘焙多样化需求，这就为改进找准了方向。

**针对性优化设计与工艺**：依据海外客户反馈，对产品进行有的放矢的优化。就像上述电烤箱企业，根据欧美市场烘焙特点，重新设计温度调节系统，扩大调节范围，并改进内部加热结构，使烤制效果更均匀。如此一来，产品性能与品质大幅提升，因质量不符合需求导致的退货明显减少，赢得了海外客户的认可，供应链上因退货导致的积压等问题也得以缓解，运作效率逐步提高。

### 2. 促进合作，强化出海链条

**加强内部跨部门协同**：推动企业内部各部门在海外退货问题上紧密协作，保障从接收退货、检验、入库到后续处理等各环节无缝对接。定期召开针对海外退货情况的分析会，共同探讨原因，制定应对策略。例如，某出海服装企业，销售部门反馈海外退货中的尺码问题较多，生产部门据此调整版型，物流部门优化包装说明，合力减少了因尺码不符等导致的退货，让整个出海链条运作更加有序。

**深化与海外供应商的合作**：与海外供应商建立深度合作关系，共同剖析原材料、生产环节等引发退货的原因。协同进行质量改进与供应链优化，降低退货率。比如一家汽车零部件企业，和国外供应商一同分析因零部件材质不符合当地标准导致的退货情况，供应商改进材质工艺，企业优化采购管理，双方携手提升了产品质量，降低了退货风险，供应链出海的稳定性与运作效率都得到提升。

可见，在供应链出海过程中，企业若能积极转变观念，围绕上述方面扎实优化退货流程，认真对待海外客户意见，就能变退货这一"坏事"为提升竞争力的"好事"，实现供应链运作效率的稳步提升，在海外市场站稳脚跟，收获长远发展。

同时，可以借此机会，优化退货服务，比如简化海外退货流程，全方位提升服务品质，建立完善的海外客户反馈收集机制，定期汇总分析意见，持续改进服务。

### ▶▶▶ 实战指南

针对本章开头海联科技这个案例，我从优化订单处理及退货流程两个角度给出建议。

**1. 订单处理流程优化**

建立标准化订单流程：制定涵盖从接单到发货全流程的标准化操作手册，明确各环节操作规范、责任人和时间节点，确保订单处理的一致性和高效性。

自动化订单处理系统：引入订单管理软件，实现订单自动分配、库存自动扣减、发货信息自动推送等功能，减少人工操作失误，提高处理速度。

加强与分销商信息共享：与分销商建立实时信息共享平台，使双方能随时查看订单状态、库存水平等信息，便于分销商及时补货，海联科技也能根据需求调整生产计划。

设置订单优先级：根据客户重要性、订单紧急程度等因素设置优先级,优先处理高优先级订单,确保重要客户和紧急订单能快速交付。

2.退货流程优化

建立本地退货中心:在欧洲主要市场设立本地退货中心,负责接收、检测和处理退货产品,缩短退货物流时间,提高处理效率。

简化退货申请流程:在官网和销售平台设置清晰简洁的退货申请入口,客户提交申请后快速审核,对于符合条件的申请,即时批准并提供退货标签和地址。

退货产品分类处理:对退回产品进行分类,如可修复再销售、需报废等,制定不同的处理流程。可修复再销售产品尽快维修后重新投入市场,需报废的则按 WEEE 指令及时处理。

CHAPTER 6
第 6 章

# 伙伴选择：精准寻源供方，协同拓展海疆

很多受访者跟我讲，企业刚刚出海，马上就会遇到一个烦恼——"在当地找不到供应商"。尤其在那些工业基础薄弱的国家，连简单的螺钉、螺帽都难以买到，无法齐套的供应链体系，成为供应链出海面临的一大痛点。

这点，在国内的企业根本感受不到。作为联合国认定的拥有最齐全工业体系的国家，中国具备成熟的产业供应链，拥有 41 个工业大类、207 个工业中类、666 个工业小类，涵盖联合国产业分类的全部工业门类，举世无双。不仅如此，中国还有众多的产业集群，在某一区域内，几乎就构建起一条完整的供应链，它能迅速响应客户需求。比如东莞长安镇，云集大量电子零部件加工企业、模具厂、线路板厂等。客户提出电子产品打样需求后，各企业可依设计图快速完成各自环节的打样，再迅速整合送样，短时间内就能实现从设计到样品的转化。然而，在供应链出海后，这个画面成为美好的梦想。

供应商本地化，是供应链出海的一大挑战。构建高质量的供应商资源池，是供应链出海初期，采购人员的核心工作，并且要不断优化这个资源池，以满足企业当前以及未来发展的需要。

### 开篇案例

## 供应之痛，痛中追梦

海光科技凭借完善的供应链体系，短短几年就在国内成长为行业头部企业。信心满满的海光科技决定出海拓展非洲市场。

然而，刚踏入非洲市场，海光科技就遭遇了一个棘手难题——当地几乎找不到合适的供应商。为了解决这一问题，海光科技决定从国内挑选一些实力雄厚且合作默契的供应商，一同开拓非洲市场，期待大展拳脚。

可到了非洲后，海光科技发现事情远没有想象中简单。这些在国内表现出色的供应商，在非洲状况百出。由于当地文化习惯、市场环境以及法律法规与国内大相径庭，供应商在生产和管理方面问题不断。

海光科技采购部的王总监敏锐地意识到，不能照搬国内的管理方法来管理这些跟随而来的供应商伙伴。于是，他开始积极地与供应商进行深入的沟通交流，了解它们面临的困难和需求，全力帮助它们适应非洲市场环境。

与此同时，王总监还了解到当地政府有本地化的要求和期待。这让他犯了难：若不继续使用从国内带来的供应商，觉得有负于它们，况且当地确实难以找到合适的替代者；但要是不遵守这一要求，又可能面临法律风险，还会遭到当地市场的排斥。

### 本章导言

## 伙伴选择，从战略到执行思考框架

从战略层面看，建设高质量供应商资源池是供应链出海管理的重中之重。从供应商的准入、退出机制，到日常的分级分类管理，再到供应商关系管理，供应商全生命周期管理的每一个环节，都必须确保与供应链出海的市场定位与竞争策略相一致。出海企业要与供应链伙伴一起打造供应链竞争优势，诠释"企业之间的竞争就是供应链之间的竞争"。

从执行层面来看，需制定明确的供应商准入与退出标准，以确保所选供应商均具备优质资质并符合企业需求。在供应商日常管理中，应建立完善的绩效管理体系，对供应商进行定期评估与分级分类管理，以激励供应商持续优化与提升，跟上并支撑公司的发展。此外，需对供应商资源池不断进行整合与开发，以挖掘与优化供应商资源，为企业出海战略提供更多元化的支持。在此基础上，要加强对供应商关系的管理，提升供应商的能力与合作意愿，建立长期稳定的战略合作关系，共同应对出海过程中的诸多挑战与机遇。⊖ 这些供应商，包括产品和服务的供应商，也包括物流商、渠道商等所有供应链合作伙伴，在这里我统称供应商。

## 6.1 如何与国内供应商抱团出海

高质量的供应商资源池，一定是"本地化+全球化"。企业出海时，本地化供应商能在当地供货，全球化供应商则可全球供货，它们主要来自中国、目标国家以及第三国。

企业出海初期，本地供应商不足，就得全球寻源，这会让供应商数量短时间猛增，管理难度和供应风险也跟着加大。选第三国供应商，要考虑近岸和友岸。近岸就是选就近的，能缩短运输时间和成本；友岸就是选和目标国家关系好的，避免地缘政治和贸易摩擦风险。

下面，我们重点谈一下如何与中国供应商抱团出海。

---

⊖ 这个过程的详细操作方法，详见作者《供应商全生命周期管理》一书。

### 6.1.1 抱团供应商选择标准

在供应链出海时，我们看到很多企业选择与国内供应商抱团出海。这点我们可以借鉴欧、美、日、韩公司进入中国的经验：以大带小，依次出海。在这个过程中，供应链主应担负一定责任，坚持"本国优先"，协同出海。

国内供应商文化同源、沟通便利，减少了误解与冲突又因长期合作，彼此信任，进而大幅降低了交易成本。供应链出海不是一家公司出海，而是整个供应链甚至产业链的出海。供应商抱团，更易产生协同效应，客观上也能形成一道防火墙或护城河，可以共同应对海外复杂市场的挑战。小国很难有完整的供应链，这种模式更具优势。

不过，既然是"抱团"并且是"出海"，就需要长期合作，构建生态伙伴关系。此时，应该重温这句话，企业之间的竞争就是供应链之间的竞争。因此，企业在筛选国内供应商时，必须审慎考虑以下关键要素。

（1）出海经验与适应性：优先锁定拥有丰富国际市场，尤其是目标市场实操经验的供应商。它们对当地市场环境、法规政策、消费偏好烂熟于心，可显著降低企业进入新市场的风险。同时，供应商团队需具备出色的跨文化沟通与协作能力，掌握目标市场语言，以便与海外客户及合作伙伴无障碍交流。

（2）供应链稳定性与响应速度：稳定的供应链是出海的根基。供应商需确保从原材料采购、生产加工到物流配送的全链条稳定，确保按时交付，同时有应对突发事件的预案。面对海外市场的风云变幻，供应商还得有快速调整生产计划、优化供应链流程的能力，迅速响应市场需求。

（3）合规经营与风险管理：出海企业面临复杂的合规环境，供应商必须严守国际贸易规则和目标市场法律法规，具备强烈的合规经营意识，杜绝合规风险。同时，供应商要具备敏锐的风险识别、精准的风险评估与高效的风险应对能力，双方建立风险共担机制，携手抵御各类潜在风险。

（4）协同创新与持续发展：供应商要积极与企业开展协同创新，共同研发新产品、新技术，提升产品附加值与市场竞争力。此外，需挑选具备持续发展潜力的供应商，考察其拓展市场、塑造品牌、技术创新等能力，为长期合作筑牢根基。

（5）成本与效益分析：选择供应商时，要综合权衡价格、质量、交货期、服务等多方面因素，进行全面的成本效益分析，确保合作能带来即时经济效益。同时，也不能忽视长期合作的潜在价值，如在资源共享、市场拓展等方面的合作机遇。

## 6.1.2　怎么保持供应商竞争性

在抱团出海的模式下，企业需要格外重视供应商关系管理。应与战略供应商致力于构建长期稳定的合作关系，这和在国内市场动辄货比三家、频繁更换供应商的做法截然不同。长期稳定的合作，能确保供应链在海外复杂环境中的稳定性与协同性。

不过，在选择长期合作的过程中，企业也必须警惕因长期依赖某些供应商而滋生惰性。因此，即便维持长期合作，也务必保持抱团出海供应商之间的竞争性。

我长期在汽车行业工作，先把我的观察与大家分享一下。

—— 经验分享 ——
### 赏罚得当，激发供应商活力

在汽车行业，企业进入新市场时，与供应商建立稳固且富有活力的合作关系至关重要。以丰田为代表的外资车企在进入中国市场后实施的一系列策略，在维持与供应商长期合作的同时，极大激发了它们的竞争活力，保障了供应链的高效与创新。

### 1. 丰田汽车：协会引领，竞合共进

丰田依托荣丰会、协丰会等供应商协会打造独特生态。在新型汽车生产线建设中，丰田组织多家座椅供应商共同参与项目。各供应商在协会平台交流技术与管理经验，既合作又竞争。丰田依据质量、成本、创新等指标，动态分配后续订单份额。比如在研发新型环保发动机时，荣丰会成员联合攻关，项目结束后，丰田依据贡献度与后续表现，给予优秀供应商新车型核心部件的供应权，激励供应商持续奋进。

### 2. 大众汽车：知识赋能，创新驱动

大众汽车设立"供应商卓越中心"，定期召集核心供应商研讨培训，分享未来的产品规划与技术方向，助力供应商调整研发计划。同时，举办"供应商创新大赛"，鼓励供应商提出创新方案。对优秀方案提供者，大众给予大额订单奖励，并在新产品中优先采用其技术，以此激发供应商的创新活力。

### 3. 宝马：差异管理，多元激励

宝马将其在德国等地的核心供应商引入中国后，在发动机制造领域，依据供应商专长分配差异化任务，如一家负责高性能发动机研发，另一家专注成本优化。此外，宝马设立"宝马全球供应商卓越奖"，从产品质量、技术创新、成本控制、可持续发展等多维度对全球供应商统一评估。获奖供应商不仅在宝马全球项目中拥有更多机会，还能获得技术交流、资源共享等优先权，激励供应商在各自优势领域深耕。

### 4. 大陆集团：动态评估，持续激励

大陆集团从德国进入中国时，带来部分关键原材料供应商。集团实行动态评估机制，每半年从产品质量、交付及时性、服务响应速度等方面对供应商进行评估，然后划分不同等级并给予相应合作待遇。最高等

级供应商可参与前沿技术预研项目，获优先供货权；低等级则需限期整改。同时，大陆集团设立"供应链创新基金"，鼓励供应商提出创新方案，对成功实施的供应商给予资金支持与未来合作优惠条款，推动其持续提升竞争力。

这些外资车企的策略表明，通过搭建平台、设置激励机制、实行动态评估等方式，能有效激发供应商的活力与创新力，实现长期稳定且富有成效的合作。

### 6.1.3 抱团供应商退出机制

当与国内长期合作的供应商一同抱团出海时，面对供应商可能失去竞争力或无法满足需求的情况，企业需要采取一系列措施来应对，既要确保业务的连续性和稳定性，又要考虑供应商关系以及抱团出海供应商的历史贡献。

根据我的经验和访谈记录，我总结了抱团供应商退出机制框架，供大家参考。

▶▶▶ **实战指南**

#### 构建抱团出海供应商退出机制的建议

1. 提前规划与合同约定

（1）明确退出条件：在合作协议中，详细列举可触发退出的情形，如连续多次未能达到质量标准、严重延迟交货、违反合规规定等。明确质量不达标程度、交货延迟时长等量化指标，避免因模糊不清而引发纠纷。

（2）约定退出流程：约定供应商提出退出或被要求退出的具体流程，

包括提前通知的时间节点、通知形式（书面、邮件等）。同时，设定双方就退出事宜进行协商的期限，确保退出工作有序推进。

（3）约定补偿与赔偿条款：制定公平合理的补偿和赔偿机制。供应商若因自身原因导致退出，应承担给企业造成的直接经济损失，如生产停滞损失、重新寻找供应商的成本等。企业若因不可预见因素致使合作终止，也需给予供应商一定的补偿，如已完成订单的款项结算、合理的解约补偿等。

2. 业务过渡保障

（1）设立缓冲期：确定一个合适的缓冲期，如3～6个月，让退出供应商与新供应商进行业务交接。在缓冲期内，退出供应商需继续按要求提供产品或服务，确保业务连续性。

（2）知识与技术转移：要求退出供应商向企业或新供应商提供必要的技术资料、操作手册、培训等，帮助新供应商快速熟悉业务，掌握生产工艺或服务流程。

（3）协助寻找替代：供应商有义务协助企业寻找合适的替代供应商，利用其行业资源和经验，推荐潜在合作伙伴，并配合企业进行评估和对接。

3. 关系维护与沟通

（1）保持坦诚沟通：无论何种原因导致退出，企业都应与供应商保持坦诚沟通，避免指责和冲突。向供应商清晰解释退出原因，听取其意见和诉求，争取理解。

（2）建立反馈机制：设立反馈渠道，让供应商在退出过程中能及时反馈遇到的问题，企业也应及时响应并解决，确保退出过程顺利。

（3）信用记录与口碑维护：企业应客观记录供应商的合作表现，不恶意诋毁。对于合作期间表现良好但因特殊原因退出的供应商，企业应在行业内维护其口碑,为未来可能的合作或其与其他企业合作打下良好基础。

## 6.2 如何开发与管理本地供应商

在国内经营,企业面对一个庞大且成熟的供应链,挑选供应商的空间很大。但供应链出海后,进入陌生的供应市场,就可能问题频出。由于缺乏有效的渠道和人脉,难以短时间内找到合适的供应商,即便找到,供应商水平也常难以满足要求。

其实,开发本地供应商益处多多,既能降低运输成本、缩短交货周期,还能防控经营风险,契合当地政府期待。要知道,尤其是当下,增加就业、提升本地制造业水平、降低供应链风险,是各国政府的责任。所以,开发本地供应商成了供应链出海必须全力攻克的关键难题。

### 6.2.1 本地供应商开发指南

中国企业供应链出海开发本地供应商,通常有三个常见难点,以下是针对这些难点的进一步分析及解决办法。

#### 1. 缺乏供应商寻源渠道

难点分析:海外市场环境陌生,企业缺乏对当地供应商分布、行业情况的了解,也没有成熟的信息渠道和人脉资源,难以全面获取供应商信息,不清楚哪些供应商能满足企业的需求。

解决办法:借助当地商业协会、行业展会、专业咨询机构等渠道收集供应商名单;利用线上 B2B 平台、社交媒体等扩大搜索范围;向已在当地开展业务的其他企业咨询求推荐。

此外，还可以参加国际采购论坛、研讨会等活动，主动与潜在供应商接触；利用大数据分析工具，通过特定关键词搜索，结合筛选条件，挖掘潜在供应商；与国际知名的供应商管理平台合作，获取其整合的全球供应商资源。

### 2. 缺乏当地的专业评审团队

**难点分析**：企业在当地没有常驻机构和专业人员，临时组建评审团队成本高、效率低。对当地团队不了解，担心其专业能力、职业道德不过关，无法做出客观准确的评审。

**解决办法**：可以与国际知名的第三方认证机构或咨询公司合作，它们具有专业的评审团队和丰富的经验，能提供客观公正的评估报告；从总部选派核心评审人员，与当地招聘的熟悉行业和文化的人员组成混合团队，相互协作进行评审；对当地团队进行背景调查和专业能力测试，通过短期项目合作来考察其工作质量和诚信度，逐步建立信任。

### 3. 缺乏对本地供应商的信任

**难点分析**：语言、文化、商业习惯的差异容易造成沟通不畅和误解，使本地供应商对中国企业的合作诚意和能力产生怀疑。双方的利益诉求和合作目标可能存在偏差，难以达成共识。

**解决办法**：组建多语言沟通团队，确保信息准确传达；深入了解当地文化和商业习惯，在沟通和合作中尊重对方并主动融入，展现合作诚意；建立透明的沟通机制，定期与供应商交流，及时解决问题并给予反馈意见；在合作初期，选择一些小项目进行合作，通过良好的执行和交付，逐步建立信任关系；邀请供应商到中国企业总部或其他成功合作项目的现场参观，增强其对企业实力和合作模式的了解。

## 6.2.2 帮扶供应商六大策略

供应链出海时，供应商能力不足常成难题。作为链主企业，应充分发挥引领作用，通过技术输出、管理经验分享、资金支持等多种方式，助力本地供应商成长，共同做大蛋糕。反之，若链主企业一味将供应商资源"吃干榨尽"，采取短视且掠夺性的合作策略，无疑会沦为"行业百草枯"，引发供应商反感与市场排斥，破坏自身营商环境。让渡利益，也是在规避风险。

以下是具体帮扶策略。

### 1. 输出技术，传授诀窍

全面梳理企业非核心但关键的技术，并将其整理成详细文档与操作指南，派专业团队驻厂，手把手指导供应商技术人员，提升其生产效率与产品质量。同时，定期举办技术培训班，邀请行业专家授课，分享前沿成果。积极组织供应商参加研讨会、交流会，安排他们到标杆企业实地学习，借鉴先进经验。

### 2. 把控质量，明确要求

参照国际和自身标准，与供应商共同研讨制定质量手册，明确各环节指标与验收规范。安排专业质检团队定期驻厂抽检，利用数据分析软件监控质量。一旦发现问题，立即与供应商召开分析会，制定并落实改进措施。

### 3. 优化链条，协同合作

引入先进供应链管理软件，为供应商人员提供操作培训，帮其优化管理流程，减少冗余，降低成本。搭建信息共享平台，每日更新市场需求、库存等数据。淡季或旺季前，与供应商协商制订生产与配送方案，实现高效协同。

### 4. 资金扶持，解决难题

与当地银行合作，凭企业信誉给有需求的供应商提供信用担保，助其获得低息贷款，缓解资金周转难题。对潜力大的供应商，联合风投机构进行股权投资，派企业专家参与经营决策，助力其发展。

### 5. 借助政策，谋求发展

定期组织与行业协会和政府部门座谈，深入调研后撰写政策建议报告，推动政府出台税收优惠、研发补贴等扶持政策。主动参与政府主导的产业升级项目，争取补贴，专项用于供应商的设备更新与人才培养。

### 6. 签订长约，稳定合作

与供应商签3~5年长期采购合同，明确最低采购量与价格调整机制，提供稳定订单。每年年初，围绕技术研发、市场拓展、产能扩充等设定目标，融合双方发展战略，共同制定年度发展规划。

## 6.2.3 跨国公司在中国的经验

改革开放后，大量跨国公司进入中国，而早期中国的供应链无法满足大型跨国公司的要求。一些跨国公司采取了很多行之有效的方法，提升中国本地供应商水平。德国大众在1984年进入中国并成立上汽大众。一汽-大众成立于1991年2月6日。这南北两个大众对中国汽车供应链的成长贡献很大。

## 案例研究

### 大众领航，全链成长

德国大众刚进入中国时，中国汽车供应链还很不成熟，南北两个大众做了很多工作，助力中国汽车供应链发展，主要通过以下方式推动中国供应商成长。

**上汽大众**

零部件国产化：1988年设立"国产化基金"，用于扶持配件生产企业。同年，105家零部件配套企业、6所高校、7家科研院所共同成立了"桑塔纳共同体"。在企业内部，上汽大众从德国大众聘请了20多位退休工程师，对零部件生产进行培训和指导，严格按照德方的标准，确保零部件国产化的质量。

建立完整产业链：逐步建立了包括产品研发、零部件供应体系、现代化的整车生产系统以及全功能的销售和售后服务系统在内的完整产业链，带动了空白的零部件行业的兴起、成长直至脱胎换骨，甚至引领了全球汽车供应链创新和升级。

推动供应商发展：与众多供应商共同成长，40年间，中德合作伙伴共同建立了400多家高质量的零部件企业，这些供应商成了中国汽车零部件体系的核心，为国内汽车产业的发展打下了坚实的基础。还与科大讯飞、华为、百度文心一言、大疆车载等头部科技企业进行合作，共同推动智能汽车创新技术的研发与实践。

**一汽-大众**

引入先进标准和管理经验：严格遵循德国大众的标准和流程，使得国内供应商在生产过程中不断提升质量控制和管理水平，如VDA6.3等质量标准的引入和应用，促使供应商改进生产工艺和管理体系。

培育本土供应商：通过与国内供应商的合作，帮助它们提升技术能力和生产水平，使其逐渐成长为具有国际竞争力的企业，如安徽威灵汽车零部件有限公司、立讯精密工业股份有限公司等，带动了一批国内零部件企业的发展。

推动供应链创新与升级：在新能源和智能化的发展趋势下，一汽－大众积极引入新的供应商和技术，推动供应链向智能化、网联化方向发展，促进了整个汽车行业供应链的创新与升级。

## 6.3  如何考核出海合作伙伴的绩效

对于出海企业而言，如何科学设定考核指标、有效开展绩效评估以及进行绩效面谈，是供应商管理的关键环节，也是决定出海成功与否的重要因素。

在供应商管理中，全生命周期管理是一个系统且全面的流程，它覆盖了从供应商准入、日常管理到退出的各个阶段。这一流程不仅要求供应商的表现始终与企业的战略目标保持一致，还强调遵循 PDCA（计划—执行—检查—行动）循环，以推动供应商与企业共同成长。接下来，我们将重点探讨如何通过供应商分级分类管理来提升供应商绩效。

### 6.3.1  供应商绩效指标设立指南

供应商是企业达成战略目标的关键盟友，因此科学设定供应商绩效指标，引导供应商全力助推企业出海至关重要。这点对于供应链出海，尤其是在出海初级阶段，十分重要，绝对不能照搬在国内时考核供应商的指标。出海企业的四大核心战略目的包括拓展市场、分散风险、获取资源以及塑造品牌。供应商绩效指标的设计应紧紧围绕这四大战略目的，体现供应商如何帮助企业实现这些目标。

### 1. 拓展市场

为衡量供应商助力企业在海外开疆拓土的成效，可设置"助力企业新市场销售额增长率"，精准衡量其推动新产品或服务在海外销售增长的贡献。同时，"海外市场拓展项目成功率"能直观反映供应商参与海外拓展项目的表现。另外，通过考核"新市场渗透率"，如市场份额增长率、新客户获取数量等，能清晰了解供应商协助企业推广产品的实际效果。

### 2. 分散风险

在供应链风险防控上，"供应链多元化支持度"可评估供应商助力企业构建多元供应链、降低单一依赖的能力。其中，"供应商来源地多样性"考核供应商是否来自不同国家和地区；"备选供应商储备"衡量供应商应对突发事件的资源储备。"应急响应速度与灵活性"则聚焦供应商在供应链中断等突发状况下，迅速调整保障企业运营的能力。

### 3. 获取资源

从资源获取角度，"采购成本节约率"与"采购周期优化率"，能清晰反映供应商为企业降低成本、提升采购效率的贡献。"资源获取与创新支持"用于评估供应商为企业引入新资源、新技术或创新解决方案的能力，助力企业在海外市场获取竞争优势。

### 4. 塑造品牌

为衡量供应商在品牌塑造方面的作用，"品牌国际化推广参与度"与"品牌形象提升贡献度"可衡量其参与品牌国际化推广及提升品牌形象的表现。通过市场调研评估"品牌知名度提升度"，如品牌提及率、社交媒体关注度等,了解其在品牌推广中的贡献。"国际质量标准与合规性支持"则评估供应商助力企业满足国际质量标准与法规要求的能力,包括"产品质量合格率"及"国际认证通过情况"。

在设定这些指标时,企业务必与供应商充分沟通,识别关键成功要素,符合SMART原则,确保指标科学、合理、可达成。同时,定期评估反馈供应商绩效,清晰地传达对供应商的期望,从而确保供应链出海战略的成功实施。

### 6.3.2 分级分类管理

企业资源有限,对抱团出海供应商与本地供应商实施精准的分级分类管理,是出海企业强化供应商管理、提升整体绩效的核心举措。尽管两类供应商管理存在共通之处,但各自特性决定了管理要点各有侧重。无论针对哪类供应商,明确标准、客观评估、动态调整都是分级分类管理的基本原则。

1. 供应商分级

基于供应商的绩效表现,对供应商实施差别化管理。

A级 优秀供应商:表现卓越,与企业战略高度契合,在供应链中发挥关键引领作用,是企业实现长期发展目标的重要支撑。

B级 良好供应商:表现稳定,能满足企业大部分业务需求,是维持供应链稳定运作的中坚力量。

C级 合格供应商:虽表现中规中矩,但能满足企业基本运营需求,为供应链提供基础保障。

D级 待改进供应商:目前表现欠佳,可能面临淘汰,需企业重点关注并给予针对性辅导。

## 2. 供应商分类

基于采购价值和供应风险对供应商进行分类，实施差别化管理。

**战略供应商——核心资源掌控者**：采购金额巨大且供应风险高，所供战略性物资对产品质量、成本及交货保障至关重要。企业需强化与其在产品研发、产能规划等方面的深度合作，保持紧密沟通互动，确保业务量稳定，并定期开展合作谈判，共同应对市场变化。

**杠杆供应商——成本优化推动者**：采购金额大但供应风险低，多提供标准件，市场竞争充分。企业应充分发挥杠杆效应，采用集中采购、签订长期合同等策略降低采购成本，同时拓展多家供应商，分散供应风险。

**瓶颈供应商——风险应对聚焦点**：采购金额小但供应风险高，常提供非标准或定制产品，市场垄断性强。企业工作重点在于保障供货稳定，合理规划安全库存，降低供应中断风险。同时，积极探索替代品，逐步减轻对其依赖。

**一般供应商——高效管理简化端**：采购金额小且供应风险低，多供应MRO类产品。企业可简化采购流程，降低管理成本，同时关注价格、交货期等关键指标，确保供应稳定。

## 3. 分级分类管理的平衡艺术

**差异化策略定制**：依据抱团出海供应商与本地供应商的不同特点及优势，量身定制差异化管理策略。针对抱团出海供应商，侧重战略协同与风险共担；对本地供应商，着重市场适应性与合规性管理。

**动态灵活调整**：市场环境与企业战略不断变化，供应商管理策略也需同步更新。企业应保持管理的灵活性，依据实际情况及时优化分级分类标准与管理措施。

利益平衡兼顾：分级分类管理过程中，企业需兼顾各方利益，在充分保障供应商合理利益的同时，确保企业战略目标顺利达成，实现供应链整体的协同发展与绩效提升。

### 6.3.3 提升供应商绩效的策略

对供应商进行分级分类是为了分类施策，因此，实践中，对关键供应商要进行定期回顾与绩效面谈，这对于供应商绩效提升，对于确保供应商战略与企业战略一致极为关键。

对于抱团出海的供应商，定期回顾要关注协同性、风险共担、文化适应性；对于本地供应商，定期回顾着重市场洞察力、合规性、本地化服务能力。绩效面谈要注重开放沟通、设立共同目标、完善冲突解决机制，特别是对本地供应商，需要考虑文化敏感性，及时给予激励和认可并制订持续改进计划。

无论是定期回顾，还是绩效面谈，都是为了绩效提升。中国出海企业可借鉴丰田的期待值管理理念，从外资公司在华成功经验中汲取灵感，具体可以从以下几方面着力。

#### 1. 针对抱团出海的供应商

深度绩效面谈：定期组织与抱团出海供应商的绩效面谈，双方坦诚交流合作中的问题与成果。例如，共同分析在不同海外市场中，供应链协同环节出现延误或成本增加的具体原因，是信息传递不及时，还是物流衔接有漏洞。面谈时，参考丰田期待值管理，明确告知供应商企业对供应及时性、成本控制等方面的具体期望数值和目标期限，让供应商清楚了解努力方向。

共制改进措施：基于绩效面谈结果，与供应商共同制定改进措施。

比如针对物流衔接问题，协商优化物流路线，增加在关键节点的库存缓冲，同时利用数字化工具实时共享物流信息，确保双方对货物运输状态了如指掌。

紧密跟踪落实：建立专门的跟踪小组，定期检查改进措施的执行进度。设定月度或季度检查节点，要求供应商提交执行报告，详细说明改进措施的实施情况、遇到的困难及解决办法。对于执行不力的环节，及时沟通并协助供应商调整策略，确保改进措施有效落地。

### 2. 针对本地供应商

文化适配绩效面谈：考虑到文化差异，在与本地供应商进行绩效面谈时，要营造开放包容的氛围，尊重当地文化习俗。不仅探讨业务绩效，还关注文化差异对合作的影响，如沟通方式、工作时间、决策习惯等方面的差异。同样引入丰田期待值管理，结合本地市场特点和供应商的实际能力，合理设定质量标准、交付时间等期待值，并以本地供应商易懂的方式沟通传达。

定制化改进策略：根据本地供应商的特点和面谈发现的问题，制定定制化改进策略。如果本地供应商在市场洞察力方面不足，企业可分享自身的市场调研数据和分析成果，协助其了解市场趋势；若合规性存在问题，企业可帮助供应商梳理本地法规政策，建立合规管理流程。

本地化跟踪机制：利用本地资源建立跟踪机制，聘请熟悉当地商业环境的人员负责跟进。结合当地节假日、工作节奏等实际情况，灵活调整跟踪计划。定期与供应商进行面对面沟通，了解改进措施的执行感受和实际效果，及时优化、改进方案，增强本地供应商的合作黏性和绩效表现。

## 6.4 如何创新出海伙伴合作模式

中国企业出海，需要积极探索创新的合作模式，引入先进的合作理念，提升合作的效率和价值。这些合作模式可以因公司规模、发展阶段和行业特点而异。以下是一些具体的创新合作模式，供大家参考。

### 6.4.1 大企业供应链整合模式

在制造企业出海浪潮中，大型企业通过创新供应商合作模式，有力把控供应风险、稳固渠道并获取资源，成绩显著。

1. 前向整合：借品牌与渠道，快速抢占市场

前向整合聚焦下游市场与渠道拓展。2010年，吉利收购沃尔沃轿车公司全部股权，收获了其高端品牌形象与成熟海外销售网络。这一举措跳过了传统出海漫长的品牌和渠道积累期，使吉利迅速在国际市场立足，知名度大幅提升。2018年起，小米与印度企业Reliance Retail合作，共建销售网络，共享客户资源。小米借助对方在印度的深厚根基，突破单一企业市场拓展局限，快速渗透印度市场，极大扩充了市场份额。

2. 后向整合：深入上游，保障供应降成本

后向整合是向供应链上游发力。苹果深度投资台积电等关键零部件供应商，打破传统的供需松散关系。苹果借此不仅确保了芯片的稳定供应，还深度参与研发与生产，从源头把控质量、控制成本。宁德时代参股上游锂矿供应商，创新地提前锁定关键原材料的供应。面对锂价波动与供应短缺，宁德时代凭借参股增强了供应链稳定性，降低供应风险。

日本商社通常与出海企业会构建独特的合作关系，包括相互参股、

相互派遣管理人员，这种合作模式在日本企业海外拓展中较为常见且发挥了重要作用。例如，三井物产与巴西的淡水河谷、澳大利亚的力拓和必和必拓等上游原材料供应商相互参股，投资并掌管新日铁、中国宝钢等中游产品加工企业，同时与三井财团旗下的丰田汽车以及一系列下游需求企业紧密合作，形成了从原材料供应、产品加工到销售的完整产业链布局。

### 3. 战略联盟与合作研发：跨界跨国，整合资源促创新

战略联盟与合作研发强调资源整合。比亚迪牵头与清华大学等高校、科研机构及企业组建新能源汽车产业技术创新战略联盟，开展产学研合作。各方发挥所长，攻克技术难题，推动新能源汽车的技术突破与成果转化。2019年，宝马与戴姆勒宣布合作开发自动驾驶技术，此次跨国合作整合了双方技术视野与人才资源，避免重复研发，提高了创新效率，加速了自动驾驶技术迈向成熟与应用。

### 4. 其他创新合作模式：因地制宜，降本增效提效能

在其他创新模式上，海尔与海外当地企业共建生产基地，实现本地化生产与销售。这不仅降低了运输和人力成本，还能依据当地市场需求灵活调整生产策略，缩短交货周期。菜鸟网络联合多家海外物流企业搭建共享物流服务平台，打破了传统物流各自为政的局面。通过整合仓储、运输资源，优化配置，提高了物流效率，降低了物流成本。

制造企业出海时，需依据自身实力、产品特性及目标市场状况，精准抉择合作模式。通过上述创新合作，企业能与供应商深度协作、实现共赢，全方位提升自身在国际市场的竞争力，在全球产业格局中占据有利地位。

### 6.4.2 中小企业借力合作模式

在拓展国际市场的进程中，中小企业受限于资源与经验，探寻创新供应链合作模式刻不容缓。下面详细介绍并结合真实案例进行解读。

#### 1. 跟随策略，借力出海

许多中小企业借助大客户的全球布局，被动跟随出海或主动伴随出海。例如宁波一家小型模具制造企业，长期为大型跨国汽车制造商供应配套模具。随着该汽车企业在全球新建工厂，模具企业也跟随其脚步拓展海外业务，这样模具企业可以依靠大客户的资源与影响力，降低独自开拓风险，积累国际业务经验。

#### 2. 跨境电商，直达全球

产品标准化程度高的企业，可借助跨境电商平台实现全球销售。深圳一家 3C 配件初创公司，通过亚马逊平台将手机壳、充电器等产品推向全球消费者。借助线上平台的便捷性，短短几年就在欧美、东南亚市场打开销路，提升了品牌知名度。

#### 3. 海外代理，快速渗透

选择合适的当地代理商，能助力企业迅速扎根海外市场。江苏一家小型家纺企业与法国经验丰富的分销商合作，分销商利用其销售网络和市场资源，快速将家纺产品铺至法国各大商场与家居店。合作中，家纺企业注重传达品牌理念与服务标准，树立良好口碑。

#### 4. 抱团出海，共谋发展

同行业或产业链上下游企业联盟，能提升整体竞争力。浙江一批小家电企业抱团出海，在东南亚共建品牌展示中心，联合推广。它们共享渠道资源、集中采购，在降低成本的同时，形成了品牌集群效应，从而可以有效抵御当地竞争风险。

5. 定制合作，共创未来

企业可根据自身特点定制合作模式，实现差异化发展。比如一家专注新能源技术的中小企业，与德国拥有先进制造工艺的供应商开展技术与品牌合作。双方共同研发新产品，该企业借助德国供应商的品牌声誉和制造优势，迅速打开了欧洲市场，实现了资源互补。它甚至借鉴欧美日韩企业的经验，与本地合作伙伴进行股份合作，长期绑定更易获得市场认可和当地政府的支持。

6. 借鉴日本，构建商社

与德国隐形冠军企业独创天下不同，日本大量微型企业借助商社融入全球价值链，山善商社便是典型。它专注机床、工具零部件服务，业务覆盖中国、越南、墨西哥等地。山善商社虽无工厂，却整合了日本国内 3000 家制造商和全球 500 家分销商资源，为日本零部件企业提供工厂整体解决方案，其海外员工四分之一是技能上"专精特新"的工程师，凭借供应链服务嵌入日本海外企业，在出海大企业和国内小微企业之间构建了一条畅通的供应链。中国供应链出海企业可借鉴山善商社的经验，借助类似商社这样的中间平台，整合上下游资源，以抱团形式出海。

中小企业出海时，应结合自身实际和市场环境，灵活运用这些创新合作模式，探索出适合自己的成功路径。

### 6.4.3　初创公司供应商合作伙伴合作模式

初创公司在海外拓展时，常因品牌影响力小、实力有限，遭遇供应商合作意愿不高的难题。其实，这也不要担心，供应链是一条完整的链，既需要大公司，也需要小公司，市场有无数的缝隙，需要小微公司、初创公司去填补。只要转换思路，创新合作模式，就能找到破局的关键。以下几种方式，已被实践证明行之有效。

（1）联合品牌推广：部分初创公司选择与知名品牌携手，借助对方的影响力提升自身知名度。如某智能穿戴初创公司与知名运动品牌联合推广，将自身产品融入联名款，通过运动品牌的门店及线上渠道同步宣传。短时间内，该初创公司产品曝光度大增，节省了大量推广费用。

（2）利益共享与风险共担：通过构建与供应商的利益共同体，可有效提升合作积极性。一家食品初创公司与供应商签订业绩分成协议，规定在特定时间段，产品销量达标后，供应商能获得额外的利润分成，这一举措，获得了供应商的全力配合。

（3）定制合作模式：针对不同市场需求和自身发展阶段，定制合作模式至关重要。一家瞄准新兴市场的电子消费品初创公司，因急于打开市场，与当地拥有成熟渠道的供应商签订短期合作协议。该供应商迅速将初创公司的产品铺向各大零售终端，助力其快速在当地站稳脚跟。

（4）技术合作与产品共创：若初创公司具备独特技术优势，与供应商开展技术合作或产品共创是不错的选择。例如，某主打创新材料的初创公司凭借自身独特技术，与大型供应商联合研发新型材料产品。通过技术共享，新产品性能卓越，在市场上极具竞争力，双方合作关系也变得更为紧密。

（5）借助大公司资源：与大公司建立战略合作，是初创公司获取优质供应商资源的有效途径。一家新能源汽车配件初创公司,与大型车企达成战略合作,借助车企完善的供应链体系,接触到众多优质供应商。同时,凭借车企的品牌背书,提升了自身的信誉度。

(6)利用同行供应商资源:同行业初创公司间共享供应商资源,能够实现互利共赢。几家同属智能家居行业的初创公司,在行业展会结识后,开启了供应商资源共享模式。其中一家企业发现优质低价的零部件供应商后,分享给其他企业,实现共同采购,有效降低了采购成本。

(7)成为供应商种子客户:主动成为供应商的种子客户,对初创公司和供应商都有极大益处。例如,新兴环保材料供应商需要测试新型环保面料,服装初创公司凭借创意设计,将新材料应用于多款服装系列,为环保材料开拓了新的市场方向。在此过程中,初创公司可争取到优先供货、价格折扣、技术支持等更优惠的合作条件;供应商则能依据初创公司的实际应用反馈,加速产品迭代升级。最终实现相互成就,互利共赢。

(8)借助海外创新企业孵化器:海外孵化器为初创公司国际化提供助力。上海的一家人工智能初创公司,入驻美国硅谷的一家知名孵化器。在孵化器提供的市场研究、法律咨询、融资对接等一站式服务下,该初创公司快速适应美国市场环境,与当地科研机构和企业建立合作,成功实现了技术迭代与市场拓展。

▶▶▶ **实战指南**

本章开头海光科技王总监遇到的问题,我相信不少企业感同身受,一边是同甘共苦的国内供应商伙伴,一边是当地市场的特殊要求,很多时候面临两难。

以下是我的一些建议。

### 1. 管理抱团出海的供应商

首先，要重视文化差异带来的影响。比如之前，国内来的某供应商团队因为不了解当地打招呼的习俗，经常伸手拍当地工人肩膀，甚至拍脑袋，当地人认为脑袋是灵魂栖息之所，这种打招呼方式被视为不尊重人，引发工人不满。王总监可以定期组织文化交流活动，邀请当地的长者或者文化研究者，为这些供应商讲解非洲的社交礼仪、宗教禁忌。

另外，对于市场环境的差异，可以牵头建立一个市场信息共享平台。在法律法规方面，可以聘请当地专业的法律顾问，定期为供应商解读当地的政策法规，或建立一个群，随时回答大家的法律疑问。

### 2. 开发本地供应商

可以从参加当地的行业展会入手，和有潜力的本地企业建立联系，先从一些小的订单开始合作，帮助它们逐步成长。

同时，可以和当地政府合作，寻求它们的支持。还可以设立一个"供应商成长计划"，安排国内有经验的供应商对它们进行一对一帮扶。

通过这些方法，既能管理好抱团出海的供应商，又能开发出符合当地要求的本地供应商，相信海光科技在非洲市场一定能取得更大的成功。

读者朋友们，希望我们一起思考，如何才能帮到王总监。如果你还有其他问题或者想法，欢迎随时和我分享（gongxunwei@cipm-china.com）。

# 第 7 章
# 网络布局：立足全球视角，构建高效网络

供应链不仅是一条链，更是一张网，由供应网络、制造网络、销售网络以及物流仓储网络有机组成。这些网络彼此相连、协同运作，共同推动产品从供应商出发，历经生产、制造、运输等环节，最终送到客户手中。

供应链出海时，企业面临着激烈而陌生的竞争，此时构建一个高效灵活的全球供应链网络，成为企业脱颖而出、取得成功的关键要素。出海过程中企业面临合规、效率、沟通、本地化等挑战，而高效灵活的全球供应链网络不仅要确保运营合规，提升供应效率，还需促进各方密切沟通，有力推动本地化进程，从而帮助企业在复杂的海外市场竞争中站稳脚跟。

## 开篇案例

### 网络之殇，痛定思痛

"环球智联"虽地处国内四线城市，却凭借丰富的供应链管理经验与强大的制造能力，在国内有很强竞争力，众多供应商齐聚其所在小镇。

董事长满怀信心，决意拓展欧美市场，打造全球化品牌。

然而出海之后，环球智联陷入困境，首当其冲的便是网络布局不合理问题。出海前，环球智联对欧美市场的供应链网络缺乏充分调研与规划，天真地以为在国内的成功模式能无缝复制到海外，全然未构建起高效的全球化供应网络。

在供应网络方面，其供应商在欧美市场分布极为零散，难以形成稳定供应体系，各环节衔接松散，供应的稳定性与及时性无法保障。

在制造网络方面，尽管工厂所在地区的政府给出低价土地与税收优惠的优厚政策，可工厂远离市场，加之国外物流系统远不及国内发达，也没有像国内那样能随叫随到的供应商，致使原材料供应不及时，生产效率大打折扣，运输成本还居高不下。

销售网络同样存在明显短板，无法全面覆盖目标客户群体，众多潜在客户难以接触到环球智联的产品，市场份额拓展受限。

物流仓储网络更是混乱无序，货物丢失、损坏以及交货延误等状况频发，严重影响产品交付的质量与效率。

如此一来，环球智联的供应链瓶颈尽显。产品从供应商流转至最终用户手中的过程困难重重，断货、缺货、交货延迟等问题不断，客户对服务质量极为不满，订单量也随之大幅下滑。

## 本章导言

### 网络布局，从战略到执行思考框架

战略层面，构建供应链网络要有全球视野，全方位布局。通过深入分析客户需求和供应市场动态，采用创新合作模式，打造出有差异化优势的供应链网络。关键在于明确总体架构，规划好各环节的数量、职能及联系，秉持服务客户理念，在贴近客户的同时控制总成本。全面考量离岸、在岸、友岸、近岸的优劣，以及自制和外包的成本与风险，把供应链网络下沉，让管理和运营更贴近客户，实现更高效的层级与地点布局。

执行层面，要将战略转化为具体方案。对供应、制造、销售、物流仓储四大网络的布局进行细致规划，做好选址决策、潜能挖掘、产能配置和需求分配。明确各环节数量、地理位置、职能定位及协同关系，保障供应链网络运行顺畅。在服务客户时，设立仓库、分销中心等设施，缩短交货周期，提升响应速度。优化采购、生产、仓储、运输等环节的成本结构，以实现总成本最低。布局前，参考附录中的"供应链网络调查模板"和"供应链尽职调查模板"，对目标市场展开必要调查。

本章将围绕搭建全球供应网络、优化本地物流仓储布局、出海方式选择、海外工厂规划等议题展开讨论，助力企业更好地构建供应网络。

## 7.1　如何高效搭建全球供应网络

供应链出海，是全球网络再设计的过程，需综合考虑地理位置最近、总成本最低以及供应风险最小三个至关重要的方面。通过优化供应商、工厂和客户之间的网络布局，减少物流成本和运输时间，提升供应链整体效率，并且要具有全球视野，关注全球供应链的联动能力和柔性能力，这是实现成本和效率平衡的关键。即使生产同一种产品，在不同国家，由于供应链能力不同，也需要构建不同的供应链体系。

### 7.1.1　依据资源优势布局

获取资源，是企业出海的目的之一，搭建供应网络，当然要依据资源优势布局。首先要考虑原材料产地，其次要考虑制造业集群。对于那些对原材料依赖度高的产品，需要关注全球原材料产地情况，优先选择在原材料丰富且品质优良的产地布局供应网络。对于需要加工的原材料和需要组装的零部件，需要关注全球制造业的产业集群分布，选择有成熟产业配套的地区布局供应网络。

### 案例研究

#### 构建四个网络，形成分布式布局

万华化学是一家在全球化工领域颇具影响力的企业，拥有烟台、蓬莱、宁波、四川、福建、珠海、宁夏、匈牙利、捷克十大生产基地及工厂，此外还拥有烟台、宁波、上海、北京、深圳、匈牙利、西班牙七大研发中心，并在欧洲、美国、日本等18个国家和地区设立子公司和办事处。2023年，其海外营收占总营收超45%。

万华化学在构建全球供应网络时重点考虑了以下两点。

**1. 原材料产地优先**

石化原料：万华化学很多产品依赖原油、天然气等石化原料，中东地区资源丰富，万华便与沙特阿拉伯、阿联酋等国相关企业签订长期协议，保障稳定供应，既控制成本，又为全球化工产品生产筑牢根基。

矿产关联原料：对于部分化工产品，如硼这类矿产原料，土耳其硼储量多、品质好，万华化学与当地矿业企业合作，将其纳入供应网络，稳定含硼原料供应，降低供应波动风险，增强供应链韧性。

**2. 制造业集群考量**

欧洲化工集群合作：欧洲化工集群底蕴深厚、配套完善，万华化学拓展欧洲市场时，与集群内企业深度合作，借助其配套优势获取中间体、添加剂等原材料和零部件，用于高性能产品生产。比如生产高端聚氨酯材料时，能快速获取关键物料，加快研发生产，提升产品质量与竞争力。

亚洲新兴集群融入：中国长三角、珠三角及东南亚兴起化工相关制造业集群，有众多下游企业。万华化学在这些地方，一方面为当地企业就近供应优质原料，降低物流成本；另一方面借助其反馈的需求和创新趋势，优化自身产品，以满足全球多样化需求，构建协同供应链生态，助力全球布局。

分布式布局，不仅是运营需要，更是一种战略考量，它既能近距离获取客户需求，服务全球客户，又能像一个庞大的全球情报网，实时捕捉市场动态，为企业战略决策提供有力支持。

## 7.1.2　兼顾成本与效率因素

构建全球供应网络，需要兼顾成本和效率，有时成本高，但效率也高。我在一家瑞典公司做全球采购经理时，就曾问过公司总部，为什么不在中国内地建厂。他们当时的回答是，中国内地成本虽然低，但是缺少供应链，缺少人才，长三角虽然成本高，但人才集中、产业群集中，总体成本更低。所以，我们在构建供应网络时，要综合考虑人工成本、物流成本、产业政策、营商环境等。

### 案例研究

**兼顾成本与效率，链通全球网络**

截至 2024 年 12 月，亨通集团下属亨通光电在全球拥有 12 个海外产业基地，分布于印度尼西亚、巴西、南非、德国等地。其布局全球供应网络、选择供应商时，兼顾成本与效率。

### 1. 从中国采购更具成本优势的案例

在光缆材料的采购方面，尽管亨通光电在全球多个国家设有产业基地，但依然会选择从中国进行大量采购。中国是全球光纤光缆的最大生产国，有着完善的产业链和规模效应，众多国内供应商在长期的发展中不断优化生产工艺、提高生产效率，使得产品成本得以有效控制。比如，亨通光电在巴西的生产基地，若从当地或其他国家采购同等质量的光缆材料，价格要比从中国采购高出 30% 左右，而且供应的稳定性还难以保证。即使算上从中国运往巴西的运输费用以及可能涉及的关税等费用，综合成本依然低于从巴西当地或者其他国外渠道采购的价格。

### 2. 从当地采购虽成本高但效率优先的案例

在德国的生产基地，对于一些高精度的工业配件，亨通光电选择从德国当地的专业供应商处采购。虽然这些德国本地供应商的报价相较于其他一些亚洲国家或东欧国家的供应商要高出不少，单纯从成本角度看似乎不是最优选择。但是，这些当地供应商凭借其先进的生产工艺和高度自动化的生产流程，能够确保配件的高精度和高质量，而且交货期非常短，通常在接到订单后的 2~3 天内就能完成供货。这种供应模式极大地减少了生产等待时间，避免了因配件供应不及时而导致的生产线停滞风险，提高了整个生产基地的运营效率。

## 7.1.3 分散风险的多点布局

构建全球供应商网络时，管控供应风险是核心任务之一。供应风险来源广泛，供应商破产、自然灾害、政治动荡等都可能冲击企业供应链，影响运营。企业需采取多维度策略降低风险。

### 1. 多元化策略：为供应链系上"安全带"

企业对关键原材料和重要零部件，除了常规供应商布局，还应设异地备份供应商。主供应商供应出现危机时，备份能迅速补位，保障生产，稳固供应网络。

多元化采购能够降低对单一供应商或地区的依赖，供应环节出问题时可快速切换渠道，确保供应链连续。借助电商平台、全球采购市场拓宽采购渠道，挖掘优质供应商，能提升供应链灵活性与响应速度。

### 2. 把控关键资源：握紧供应链的"方向盘"

精准识别对供应链稳定性起关键作用的一级、二级及其他环节供应商，控制关键资源，确保供应稳定。与关键供应商深度合作，签长期合同、协同研发、共享信息，保障供应稳定。制订备份供应商计划，提前找替代，建紧急采购机制，应对供应受阻情况。

### 3. 全球布局：为供应链绘制"安全地图"

遵循地域分散原则，在全球多点布局，避免供应商过于集中。企业要有全球视野，考虑不同地区政治、经济、文化等对供应链的影响，制定周全的采购策略。

根据产品特性和市场需求，灵活选择外包与采购策略。关键零部件和原材料采用友岸或近岸外包，确保供应稳定可控；非关键物资本地采购，降本增效。全球多点布局可分散风险，即便某地区遇突发状况，其他地区的供应商仍能维持供应，保障企业全球业务正常运行。

## 案例研究

### 搭建全球网络，服务全球客户

截至 2024 年 9 月，延锋汽车饰件系统有限公司（上汽集团下属华域汽车全资子公司，简称延锋），作为全球领先的汽车部件供应商，在全球20多个国家设有200多个分支，包括研发中心和制造基地。延锋通过以下策略搭建供应网络，服务全球客户。

**1. 全球化布局，夯实供应根基**

在泰国、印度等9个国家设立工厂，构建海外生产与供应网络，缩短产品交付周期，降低物流成本，同时有效应对贸易壁垒和地缘政治风险，从布局层面保障了效率提升与成本控制。

**2. 本地化运营，提升供应效能**

注重与当地供应商建立紧密合作关系，优先采购符合质量标准的本地原材料。这样既能支持当地经济发展，又增强了供应链的韧性和灵活性，尤其在资源丰富的国家，通过与当地原材料供应商深度合作，确保原材料供应的稳定性和成本优势，实现成本与效率的平衡。

## 7.2　如何优化本地物流仓储布局

本地物流仓储布局是否得当，直接关乎企业在海外市场的运营成败。因此，布局规划时，首要任务是深度剖析海外目标市场的多元需求，涵盖货物的种类、数量、存储条件、配送要求等关键层面。不同货物种类对仓储环境要求迥异。例如，电子产品需干燥、防静电环境；生鲜食品则要求低温、保鲜的仓储条件。货物数量多寡决定了仓储空间的规模需求。而配送要求，如配送时效、配送范围等，更是影响着仓储设施的选址与物流网络的搭建。

在选择物流仓储设施时，企业必须全面权衡海外目标市场的需求与设施自身的功能和条件，同时，需考量物流仓储的总成本，包括设施的租赁、建设成本以及人力成本、设备维护成本等，确保在满足物流服务水平的同时，降低物流成本，提高物流效率。

## 7.2.1 构建物流网络的重点与难点

供应链出海时，因面临与国内不同的客户需求、购买习惯以及差异化的物流基础设施、政策法规等，构建物流网络便有了独特的重点与难点，下面从仓储布局、物流商选择两方面阐述。

### 1. 仓储布局方面

（1）法规政策差异。

不同国家和地区对仓储设施的建设与运营有严格且各异的法规要求。像欧美国家，对仓储场所的环保标准、消防设施配备、劳动安全保障等都有细致规定，企业必须深入了解并确保仓储中心达标，不然易面临高额罚款甚至关停风险。

同时，土地使用政策差异大，仓储用地的规划、租赁期限、用途变更等限制条件多，选址拿地时要充分考量，以防出现土地纠纷影响运营。

（2）文化与习惯差异。

当地员工的工作文化和习惯影响仓储日常管理与效率。比如中东部分国家员工有宗教习俗和特定作息，企业需据此合理排班，尊重习俗，以保障业务有序开展，避免因文化冲突致人员流失、运营不畅。

而且不同地区货物存储习惯不同，欧洲一些国家对货物摆放整齐度、分类细致程度要求高，若不符合当地习惯，货物盘点、提取等环节易混乱，影响仓储效率。

### 2. 物流商选择方面

（1）国际运输标准对接。

在包装标准上，各国货物包装标准、法规不同，企业要设计适配运输路径。出口欧盟的产品包装要遵循环保指令，限制过度包装和有害物质使用；运往美国的货物包装标识等需符合相关规定。同时，包装尺寸要适配运输工具，不然会造成空间浪费或装载问题，增加成本。

（2）装卸工具适配。

国内常用的装卸工具和方式在国外不一定适用。发展中国家部分港口、仓库装卸设备陈旧，企业包装设计若没考虑这点，易遇装卸困难，延误运输；发达国家自动化装卸设备普及，对包装承重、形状等有要求，包装要能配合自动化流程。

（3）跨境运输能力。

海关与贸易壁垒：不同国家的海关政策、关税制度差别大，物流商要精通各国海关的清关流程、税率计算及贸易管制措施。有些国家针对特定产品设贸易壁垒，物流商需协助企业规划线路、选择合适的报关方式，避免货物滞留海关产生额外费用。

多式联运协调：出海供应链常涉及多式联运，如从中国工厂经陆运、海运到目的国再陆运至客户仓库。物流商要做好各阶段衔接协调，确保货物转运无延误、丢失、损坏情况，合理安排运输时间，保障运输链条高效顺畅运行。

此外，物流信息化方面的数据合规与安全、系统兼容与对接也不容忽视，企业要妥善应对，保障物流网络构建顺利，助力供应链出海。

### 7.2.2 规划全球物流运输方案

在企业出海过程中，物流规划至关重要，许多企业因缺乏规划，面临效率低、成本高、风险大等问题，而精心规划全球物流运输方案，是解决这些问题、保障供应链顺畅的关键。

### 1. 运输方式选择

合理选择运输方式是基础。不仅要综合考量货物特性、价值、体积和客户需求，更要重视齐套率。齐套率关乎生产及物流中各部件能否按时、按量、按质配套齐全，影响供应链运转。

对于体积大但价值低的货物，海运虽成本低，可若关键零部件因海运延迟，会使生产线停摆或无法按时交付客户。尤其对于多组件产品，缺任一组件都无法完成组装或销售，所以不能仅为节省运费就选择慢运输的方式，让货物等待，造成客户流失、增加库存成本等后果。

对于体积小、金额大的物品，采用空运等快捷方式更为明智。虽运费高些，但能节省时间，快速响应市场，提高预测准确率，降低库存成本，弥补齐套率方面可能的损失。科学选择运输方式，可保障供应链高效运转，控制成本、规避风险。

### 2. 包装方式优化

包装方式优化不容忽视，它对解决出海问题意义重大。要确保包装适配运输方式并保护商品，同时也要关注装载效率与装卸条件。

包装应标准化、模块化，便于快速准确堆叠、固定，减少装载时间，提升空间利用率，且清晰标注货物信息，降低装载错误与混乱的概率。同时，考虑装卸环节，包装需抗压、抗冲击，防止货物损坏变形，还应便于人工操作，如设计把手、提手等。毕竟有些地方装卸条件差，存在野蛮装卸情况。部分企业通过优化包装提升效率，降低成本与风险。

### 3. 物流路线规划

物流路线规划是重中之重，关乎效率、成本与风险问题的解决。要聚焦成本、时间、安全性与可靠性这些核心指标。

时间窗口需重点考虑，要确保货物按时抵达，因此供应链管理人员就要充分考量客户时间要求及运输中拥堵、中转等情况，避免延误交付。选择运输网络完善的物流服务商很关键，以保障货物在不同运输方式间顺畅转换，提高运输效率。

还要关注物流路线上交通、道路、港口或机场的设施及服务水平等因素，它们会影响运输效率和成本，综合评估选择最优路线可降本增效。成本方面，要全面分析包装、装卸、保险等在内的各项费用。

安全性与风险控制不可忽视，选择安全可靠路线，避开高风险区域，制订应急预案应对突发情况，如交通事故、天气突变等，确保货物安全，减少风险损失。

总之，科学规划运输方式、包装方式和物流路线，能助力企业解决供应链出海难题，保障其顺畅运行，从而增强国际市场竞争力。

### 7.2.3　出海中常见的五种仓储设施

在供应链出海的过程中，仓储环节起着至关重要的作用，而选择不同的仓储形式，需要综合考量多方面因素。不同的仓储形式各有特点与优势，只有适配业务需求，才能保障供应链的高效运作。

以下是对供应链出海中常见的五种仓储设施的介绍，企业可以按需选择。

#### 1. 前置仓

前置仓设于海外目标市场消费集中区附近，如城市郊区等。它能凭借近距优势快速配送商品，像生鲜类，靠它可保证新鲜、及时送达，提升客户体验。

若企业商品配送时效要求极高，客户又集中在特定区域，或想在海外电商竞争中靠配送速度取胜，前置仓是优选。选择时，需留意其交通便利性，仓储规模要适配预估的订单量，配送团队要专业且效率高。

### 2. 海外仓

海外仓是企业在海外租赁或自建、位于重要市场节点的仓库。它可实现货物本地化存储与配送，缩短配送周期、降低跨境物流成本，还能贴合当地实际情况处理售后。

产品在海外有稳定市场、需本地化运营及解决售后问题的企业，适合选海外仓。选择时要考量其与当地政策、文化、物流设施的适配性，权衡不同地区海外仓的成本效益。

### 3. 保税仓

保税仓处在海关特殊监管区域，货物入仓可暂免进口关税等税费，销售时再完税。这利于减轻进口企业资金压力，加快货物周转。

从事进口业务量大、品类多，想优化资金流或需灵活补货的企业，可考虑保税仓。选择时重点考量区域保税政策、海关便利性，以及仓库与交通枢纽、物流配套的衔接情况。

### 4. 中心仓

中心仓交通便利、物流资源汇聚，是供应链仓储的核心枢纽。它负责整合调配多源货物，按需分拨，优化资源配置，保障供应链高效运转。

构建复杂全球供应链、需协调多仓库货物调配或产品繁多需集中处理再分发的企业，适用中心仓。选择时要关注其交通枢纽地位和仓储空间、功能分区的合理性。

### 5. 中转仓

中转仓位于货物运输中转节点，像海陆、陆空联运交接处。它便于不同运输方式转换时对货物临时存储、分拣等操作,确保运输连贯。

供应链涉及多式联运、运输路线长、需中途操作的企业,可选择中转仓。选择时着重看其是否处在衔接关键处,有无相应操作能力与配套设施。

需要注意的是,以上介绍的这五种仓储形式,对于 ToB 和 ToC 企业同样适用,但在实际选择过程中,企业要根据自身不同的业务情况、目标客户群体的特点等因素做适当的修正,从而选出最契合自身发展需求的仓储设施。

## 7.3 如何选择出海方式

中国虽是出口大国,但并非出海大国。出口,我们姑且称之为传统贸易模式,无论是借助中间商的直接出口,还是依托电商平台而无海外人员布局的跨境电商,本质上多为贸易行为。企业借中间环节将产品输出海外,对海外市场掌控力弱,难以深度洞察市场,供应链关键环节依赖外部第三方,在海外的延伸薄弱。而本书讨论的出海更强调深度本地化运营,需要供应链出海,这与传统贸易模式相比,在海外市场参与度和供应链整合深度上存在显著差异。

本书讨论的供应链出海,简单分为两种方式,即出口贸易方式和海外投资方式。下面我们将讲一下这两种出海方式有什么不同,以及供应链管理在其中发挥的关键作用。

### 7.3.1 出口贸易方式

出海业务在形式与深度上远超传统出口贸易,涉及人、管理及供应链的全方位拓展,主要有直接出海和跨境电商出海两种核心模式。

## 1. 直接出海

企业通过在海外设立销售办事处或分支机构，直接融入当地市场，实现从销售到供应链管理的全面延伸。选派熟悉产品、具备国际商务能力与市场开拓经验的人员组建海外销售团队，常驻当地。团队深入调研当地市场，了解竞品，依据市场需求和客户偏好制定销售策略，积极拓展客户，并与当地大型企业、经销商建立合作。设立海外销售分支机构后，构建适应当地的管理体系。参考当地商业习惯、法律法规和文化背景，制定运营流程与管理制度，确保管理团队高效决策，能够协调销售、物流、售后等环节，提升运营效率。以海外销售办事处为核心重新规划供应链，与当地优质物流商长期合作，根据当地运输特点和客户需求优化配送路线与运输方式，保障货物及时送达。同时，依据当地市场需求预测，与国内生产部门或供应商紧密协同，灵活调整库存，实现供应链高效运作。

## 2. 跨境电商

企业借助互联网突破地域限制，实现管理和供应链的全球化布局。跨境电商分为平台电商和独立站模式。

（1）平台电商：企业利用国际知名电商平台销售，在海外设立运营团队，围绕平台规则和当地消费者需求构建供应链管理体系。

运营团队运用平台大数据工具，结合当地市场特点和消费者偏好精准选品。比如在北美市场，依据季节和消费趋势提前采购适销商品，与海外供应商紧密合作，灵活调整采购计划。为满足全球消费者对产品质量的高要求，企业可在海外建立质量检测中心，依据国际标准和平台规则严格检测产品，确保产品符合当地法规和消费者期望。按照平台对物流时效的严格要求，运营团队与平台推荐物流商合作，结合当地物流基础设施优化配送方案，实现快速交付。团队遵循当地广告法和平台推广规则开展精准营销，提升产品曝光与销量，依据当地消费者权益保护法和平台售后政策处理客户问题，维护品牌形象。

（2）独立站：企业自建电商网站，自主打造品牌，供应链管理围绕品牌建设和全球用户体验展开。

基于品牌定位和全球目标客户群体，海外团队挑选具有独特卖点的产品，与海外优质供应商独家合作，突出产品差异化与高品质。为满足全球消费者个性化需求，企业在海外建立柔性生产基地，采用先进技术和管理模式实现小批量、多款式生产。根据全球不同地区的客户需求提供多样化物流选择，与国际知名物流商合作，保障运输安全和信息可追溯。通过海外社交媒体、搜索引擎等多渠道营销塑造品牌形象，吸引全球目标客户。此外，还可提供 24 小时多语言客服、全球会员制度等个性化售后，增强客户黏性与忠诚度。

## 7.3.2 海外投资方式

海外投资是企业通过在海外投入资金，构建或获取运营实体，深度参与国际市场竞争的战略举措。它主要包括绿地投资、跨国并购和合资合作三种模式，每种模式下，供应链都起着不可或缺的支撑作用。

### 1. 绿地投资：全新布局，扎根海外

绿地投资是指企业在海外目标市场新建生产设施、销售机构等实体。在此过程中，供应链的规划与建设决定成败。

前置规划，精准布局：投资决策前，企业全面考察当地资源、政策、市场等要素。以汽车制造企业为例，在计划海外建厂时，深入调研当地零部件供应商分布、原材料供应稳定性、劳动力状况及交通物流基础设

施，据此规划工厂选址、生产规模与产品布局。

搭建体系，融入本土：建设中，积极构建本地供应链。招聘当地员工，与当地供应商建立合作。例如食品加工企业在海外建厂，与当地优质农产品供应商合作确保原材料供应，同时招聘熟悉当地市场的营销人员开拓销售渠道。

持续优化，提升效能：工厂运营后，不断优化供应链流程。引入精益生产等先进理念减少浪费，加强与供应商协同创新，提升产品竞争力。

### 2. 跨国并购：快速整合，抢占高地

跨国并购是企业通过购买海外企业股权或资产，快速获取市场资源的扩张手段。并购后，供应链的整合与协同是释放效益的关键。

初期评估，筛选整合：并购完成后，即刻全面评估双方供应链。分析被并购企业的供应商、生产设施、物流网络等，保留优质资源，优化结构。例如中国家电企业并购欧洲品牌后，评估并保留其优质零部件供应商，以降低采购成本。

深化协同，降本增效：中期加强供应链各环节的协同。统一采购发挥规模效应，优化物流路线与仓储设施，整合生产计划，提高资源利用率。

持续优化，敏捷应变：后期依据市场变化持续优化。整合研发资源，推出更具竞争力的产品，借助数字化技术实现信息实时共享，提升供应链敏捷性与响应速度。

### 3. 合资合作：携手共进，互利共赢

合资合作（包括技术协议）是一种企业与海外当地企业共同出资、共享资源、共担风险的经营模式。供应链的整合与协同创新是实现合作

目标的核心。

协同规划，明确分工：合作筹备期，双方基于各自优势共同规划供应链。例如一方有先进的技术与品牌，另一方有丰富的本地市场渠道，双方共同确定产品定位、生产与销售策略，明确各环节的职责分工。

资源共享，提升效率：合作期内，整合双方供应链资源。联合采购增强谈判筹码，共享物流与仓储资源。同时，共享市场信息与技术研发成果，提升协同效率。

互相学习，驱动创新：合作过程中，双方相互学习先进供应链管理经验。国内企业学习国外数字化管理经验，国外企业借鉴国内快速响应市场需求的做法，共同优化供应链流程，提升海外市场运营能力。

### 7.3.3 并购企业供应链的激活与整合

并购是供应链出海的一条重要途径。但并购之后，首先要做的是激活，而不是管控并购企业的供应链。其中，供应链整合就是一种激活，关乎并购成败。整合前，要充分做好文化评估，做好融合，才能真正激活，完成整合。

吉利并购沃尔沃堪称范例。并购前，吉利对双方文化进行深入剖析，沃尔沃秉持安全至上、品质为先的理念，管理风格严谨；吉利则凸显灵活性与成本控制优势。在供应链整合层面，吉利采用相对隔离式策略，保留沃尔沃供应链管理团队的自主性，让其生产、销售网络能独立运作。同时，吉利凭借自身资源优势，在供应网络上发力，共享优质供应商资源，助力沃尔沃降低采购成本，实现供应链协同发展，推动沃尔沃销量与品牌影响力稳步提升。

供应链整合对并购成败起着决定性作用。戴姆勒并购克莱斯勒后，由于供应链整合的失败，供应网络混乱、生产网络衔接不畅，致使成本居高不下，协同效应难以显现，最终影响并购成效。反观联想并购 IBM 个人电脑业务，联想组建专门团队攻克文化差异难题，在供应链整合上，巧妙融合双方优势，优化销售网络布局，提升仓储物流效率，实现了业务的平稳过渡与发展。

### 1. 并购前进行深度文化评估

并购前对企业文化的深度评估，是供应链整合成功的前提。

（1）价值观评估：不同企业对创新、效率等价值观的理解差异，会在供应链决策中体现。比如美国企业为创新可能在供应网络引入新供应商，日本企业为确保质量在生产网络严格把控，所以并购时需协调统一对价值观的理解。

（2）管理风格评估：欧美企业的扁平化管理有利于供应链快速响应市场需求，亚洲企业层级式管理则能保障供应链策略执行的一致性，所以并购后需根据实际情况合理选择管理风格。

（3）沟通模式评估：德国企业在供应链谈判中直切要点、注重数据，拉丁美洲企业在销售环节委婉沟通维护客户关系，所以并购时需优化沟通流程，保障供应链信息流通顺畅。

（4）工作氛围评估：硅谷企业的轻松氛围能激发研发创新，为供应链注入新理念，传统欧洲制造企业的严谨氛围确保生产精确执行，所以并购后要平衡不同工作氛围对供应链员工的影响。

### 2. 契合供应链的融合模式选择

（1）吸纳式：当并购方供应链文化强势且与被并购方兼容时适用。谷歌并购小型科技公司，将自身高效的供应链管理文化快速渗透，实现双方供应、销售网络的高效协同。

（2）融合式：双方供应链文化各有优势时，融合双方长处塑造新文化。戴姆勒和克莱斯勒合并时，把严谨的生产工艺与敏锐的市场洞察融入供应链，优化生产、销售网络，为后续发展奠定基础。

（3）隔离式：文化差异大时采用。联想并购 IBM 个人电脑业务时，成立"联想全球文化整合小组"，在供应链管理上采用隔离式融合，既保留 IBM 供应链管理的优势，又逐步融入联想特色，成功化解了文化冲突，推动了供应链整合。

海外并购的供应链整合面临诸多挑战，涵盖 OPPT（组织、流程、人员、技术）以及供应、生产、仓储物流和销售网络等多个方面，其中文化整合难度最大。企业需重视这些难题，精心规划，扎实推进整合工作。并购前也别忘记对目标企业进行尽职调查，详情见附录中的"供应链尽职调查模板"。

## 7.4 如何规划海外工厂

工厂制造基地网络是供应链中的生产环节，对于提高生产效率、降低成本和保证产品质量至关重要。企业需要根据全球市场需求、生产成本、税收政策等因素，合理规划工厂制造基地的布局和规模。同时，企业还需要关注工厂制造基地的可持续发展和社会责任，确保生产活动符合当地环保和劳工法规要求。

### 7.4.1 海外工厂选址的 8 个要素

海外工厂布局不仅要考虑成本、效率，还要具有一定的前瞻性，洞察未来的产业趋势和政策走向。工厂布局宛若下棋，有时还要先人一步，抢占先机。根据多家企业的经验，我总结了 8 个要素，供大家参考。

### 1. 市场辐射与竞争策略

一方面，尽可能贴近客户集中区域设厂，这样能快速响应订单需求，有效缩短交付周期，同时降低物流成本。另一方面，深入分析竞品布局，找出其薄弱环节。比如，若发现某区域竞品在售后服务上响应迟缓，便可在此设厂，凭借优质高效的服务来抢占市场份额。

### 2. 供应链总成本

海外工厂选址时综合考量地区总成本尤为关键。比如东南亚部分国家，土地成本低且政策优惠力度大，能有效降低前期投入。人力成本核算也不容忽视，需考察当地工资水平、劳动力素质和劳动法规，像东欧一些国家，劳动力素质高而成本低于西欧，适合布局技术密集型产业。同时，工厂应尽量靠近原材料产地或交通枢纽，以此降低采购和运输成本。此外还需密切关注当地的投资政策，充分利用税收减免、补贴等优惠提升投资回报率。

### 3. 供应链便利度

优先选择在产业集群地设厂，例如电子产业可考虑深圳、东莞等地。上下游企业集聚，不仅能缩短供货周期，还能降低库存成本。同时，要临近港口、机场、铁路枢纽等物流枢纽布局。以服装企业为例，选址靠近港口，便于产品出口，能有效降低物流成本。

### 4. 政策与法律法规

深入研究目标国家的外资准入政策，明确外资持股比例、行业限制等规定，避免踏入政策雷区。比如，部分国家对能源行业的外资有所限制。同时，要熟悉当地的劳动、环保、知识产权等法规。欧盟的环保法规较为严格，在此选址就需提前规划好环保设施与生产工艺。

### 5. 创新氛围

选址应靠近科研机构、高校、科技园区等科技资源汇聚区域。例如半导体企业选择在硅谷设厂，便能更便捷地获取前沿技术与人才。此外，还要考量当地的创新生态活力，包括创业氛围、政策对创新的支持程度等。以色列对创新企业扶持力度较大，利于企业实现技术突破。

### 6. 可持续发展标准

了解当地的排放标准、资源利用政策，确保选址契合环保要求。例如化工企业在选址时就要充分考虑当地环境承载能力。同时，践行绿色发展理念，选择有利于可再生能源利用、废弃物回收处理的地区。

### 7. 供应链风险

全面分析当地市场需求稳定性、价格波动因素，防控市场波动风险。例如快消品行业就需时刻关注市场需求变化，提前调整生产计划。评估政治经济风险，考察当地政治稳定性、汇率波动、贸易政策变动等情况，对于政治不稳定的新兴市场国家，需提前制定风险应对策略。

### 8. 人力资源保障

评估当地劳动力资源，包括劳动力数量、技能水平、年龄结构等。制造企业选址通常需要关注当地是否具备充足且技能适配的劳动力，考量当地人才培养环境，关注教育与培训资源。例如德国的职业教育发达，有利于企业培养专业技术人才。

## 7.4.2 规模要小，品类要少

我曾在中国一汽总部工作，在我的认知里，工厂往往都是规模庞大的。但在考察外企时，我惊讶地发现，外企工厂规模普遍偏小，有的工厂仅有几百人甚至几十人。起初，这让我十分疑惑。

后来，我担任采购部长、全球采购经理，有机会出国访问众多国外供应商，才逐渐明白了其中的缘由。一方面，国外市场规模相对较小；另一方面，外企通常只聚焦核心产品，还大量采用外包模式，所以工厂规模小、产品品类少，这使得它们的供应链更为简单、高效、灵活。此外，在国外还有人员居住分散的问题，方圆百里可能都招不到更多的人。

对于出海企业而言，要特别注意，在国外很难找到像中国这样大规模的单一市场，切不可盲目追求"做大"。而且，单一工厂的产品品类应尽量精简。

### 1. 降低投资风险

**减少初期投资**：采用小规模、少品类的生产模式，好处首先体现在能大幅削减初期投资成本。像设备购置、厂房租赁以及人力成本这些方面，支出都会明显降低，这就为企业减轻了资金压力。

**快速试错与调整**：小规模运营的优势还在于，企业能更快地去尝试不同策略，一旦发现问题，依据市场反馈可以迅速做出调整，从而有效降低失败风险，让企业在海外市场的探索中少走弯路。

### 2. 提高灵活性

**市场响应迅速**：小规模、少品类的模式使得企业在面对市场变化时，能够更加迅速地做出反应，灵活地调整生产计划以及销售策略，更好地贴合市场动态。

**资源调配灵活**：在资源有限的海外市场环境下，小规模运营能让企业更高效地调配资源，精准地满足市场需求，确保资源利用最大化。

### 3. 保留可扩展性

**柔性设计**：在规划和设计工厂阶段，就要考虑一定的柔性，这样当市场需求、产品种类或者生产工艺出现变化时，企业可以迅速做出相应调整，不被固有模式束缚。

**模块化布局**：运用模块化的设计思路，让生产线具备可根据实际需要进行扩展或缩减的能力，以此来从容应对未来市场的各种变化。

**预留空间**：布局工厂时，要预留出足够的空间，为将来可能增加生产线或者设备提前做好准备，为企业后续发展留有余地。

我分享一个汽车行业的经验，供大家参考。

---

**— 经验分享 —**

#### SKD 起步，CKD 进阶，开启出海新程

在汽车行业，出海企业还可以借鉴那些汽车巨头进入中国市场时的做法，也就是先采用 SKD（半散件组装），后采用 CKD（全散件组装）的方式。

SKD：汽车生产中，企业可以从国外进口部分关键散件，像发动机、变速箱等，然后在当地进行组装。这么做既能降低生产成本，又能充分利用当地劳动力资源，一举两得。

CKD：相较于 SKD，CKD 方式更加灵活，企业把所有散件都从国外进口，在当地进行全散件组装，如此一来，就能更快地响应市场变化，灵活调整生产计划与销售策略了。

因此，对于计划在海外设厂的中国企业，尤其是在出海初期，我的建议是遵循"规模小、品类少"的原则。可以参考汽车行业的 SKD/CKD 做法。先暂时克制住强烈的出海扩张冲动，进行出海初步尝试，做出成

功样板后，再寻求进一步复制扩张。特别是随着3D打印技术的发展，未来超大工厂可能会越来越少，取而代之的将是全球布局的分布式工厂。

### 7.4.3 聚焦核心，非核心外包

出海企业规划海外工厂，合理安排自制与外包，是提升竞争力的关键。聚焦核心业务，外包非核心业务，能帮助企业灵活应对全球市场。

#### 1. 聚力核心，筑牢竞争根基

企业要精简产品品类，集中精力生产特定核心产品、核心工艺。像专注高端机床制造的企业，只打造几款高精度机床。通过持续优化工艺，从零部件加工到整体装配严格把控，产品精度远超同行，在高端市场站稳脚跟，赢得大量订单。

同时，企业要把资源优先投入核心业务，提升核心能力与技术水平。如汽车制造商在海外设厂，重点加强发动机研发和四大工艺制造投入，不仅提升了发动机性能，还增强了整车市场竞争力。现在有些车企，已经只聚焦整车研发和品牌，生产制造完全交给外包商。

#### 2. 外包非核，释放多元价值

非核心业务交给专业供应商，能利用其专业能力和规模优势。例如，服装企业将物流配送外包给专业物流公司，后者凭借广泛网络和规模效应，能降低单位运输成本，帮服装企业削减开支。

外包还能分散风险。市场与供应链多变，外包可以减少投资，降低投资风险和供应中断风险。例如电子产品制造企业把零部件生产外包给多家供应商，如果一家出问题，其他供应商能及时补上，减少供应链中断损失。此外，外包赋予企业灵活性。电商企业旺季借助外包团队迅速

扩能，淡季减少外包，从而灵活控制成本，适应市场波动。

### 3. 精细分工，深化协同合作

企业在工厂规划时，要清晰划分自制与外包环节。机械制造企业应明确核心零部件自制、标准件生产和简单组装外包，保障生产流程高效顺畅。

与供应商建立紧密合作关系也很重要。双方要在信息共享、研发、市场开拓上深度协作。例如汽车企业与零部件供应商共享信息、共同研发、共同拓展市场，可提升供应链竞争力。

选择外包供应商时，要全面评估其生产、技术、质量控制能力。例如某些制药企业授权外包商生产，严格审查生产设备和质量管控体系，以保障药品质量与供应稳定。另外，与供应商建立长期合作，能降低交易成本，提高生产效率。

### ▶▶▶ 实战指南

环球智联在国内有着丰富的供应链管理经验和强大的制造能力，这是它的优势。然而，出海后，它却忽视了供应链网络布局的重要性，没有对欧美市场进行充分的调研和规划，结果导致了供应链的种种问题。

建议如下。

### 1. 充分调研和规划

在出海前，要对欧美市场的供应链网络进行充分的调研和规划，了解当地的供应商、制造商、销售商和物流仓储企业的情况。根据调研结果，制订符合欧美市场特点的供应链网络布局方案，确保网络间的协同运作。

## 2. 建立稳定的供应体系

与欧美当地的供应商建立长期稳定的合作关系,形成稳定的供应体系。可以通过参股、合资或者建立战略联盟等方式,加强与供应商的合作,提高供应链的可靠性和稳定性。

## 3. 优化制造工厂布局

在靠近主要市场区域或交通枢纽的地方,重新评估选址,建立新的工厂或生产基地。综合考虑劳动力成本、物流便利性、政策环境等因素,逐步降低对偏远地区工厂的依赖,提高生产的响应速度。

## 4. 完善销售网络

加强与欧美当地销售商的合作,拓展销售渠道和覆盖范围。可以考虑在欧美市场设立自己的销售机构和品牌专卖店,提高品牌知名度和市场占有率。

## 5. 整顿物流仓储网络

对物流仓储网络进行整顿和优化,提高物流效率和仓储管理水平。引入先进的物流管理系统和技术设备,实现货物的实时跟踪和监控,减少货物丢失和损坏以及交付延误的情况。

CHAPTER 8

# 第 8 章

# 风险防控：提升供应链韧性，筑牢安全屏障

改革开放 40 多年，中国经济快速发展，为企业营造了包容的成长环境，许多出海企业在国内已取得成功，管理者自信满满。但这也导致部分企业对海外市场的规则和风险重视不足，直接复制国内管理办法到海外。

风险，就是不确定性对目标造成的潜在影响，虽不一定发生，但一旦发生就会给企业带来损失。供应链出海时，由于跨越多个国家和地区，运输距离拉长，供应链环节增多，而且还需直面不同的法律环境、商业习惯，以及变幻莫测的地缘政治、难以预料的自然灾害等不确定性，致使风险呈几何级数增加。

例如，某国突然变更贸易政策，可能导致货物清关受阻；苏伊士运河拥堵，导致全球物流中断；俄乌冲突，影响全球氖气供应链；某港口罢工，威胁半导体生产。类似的故事我们听到很多。在众多风险之中，许多企业往往将注意力集中在运输、地缘政治等显性风险上，其实最容易忽视的是合规风险。企业唯有构建精准识别和管控风险的机制，才能有效提升供应链韧性，筑牢抵御风险的安全屏障。

## 开篇案例

### 暗流涌动，破浪突围

中国海洋贸易有限公司（简称海洋贸易），在国内供应链领域根基深厚、客户群体稳定，它踌躇满志地决定进军东南亚市场。本以为能纵横捭阖、快速风生水起，然而，现实却给它沉重一击。

刚进入东南亚市场，物流问题就给了海洋贸易当头一棒。当地物流环境复杂，运输路途远、路况差，海关清关手续烦琐。有一回，一场暴雨导致道路被淹，货物被困，交货期延误了一个多月。客户纷纷要求赔偿，甚至直接取消订单。

资金流风险也接踵而至。东南亚市场支付习惯和信用体系与国内大不相同，不少客户拖欠货款，甚至直接拒付。汇率波动和外汇管制更是让其雪上加霜。一次汇率突然大幅变动，一笔货款兑换成人民币时损失近10%，而外汇管制又限制了资金自由流动，企业资金调度困难，资金链岌岌可危。财务部门面对账目亏空，完全不知该如何化解危机。

信息流和合同风险也让企业苦不堪言。商业习惯和文化差异使海洋贸易与供应商、客户的沟通频繁出现误解。因为不了解当地法律环境，签订合同时没注意到隐性条款，后期合作中额外费用不断，企业利润严重受损。法务和业务团队面对合同纠纷，毫无应对之策，只能干着急。

这一系列风险让海洋贸易深陷困境。管理层意识到，供应链出海面临诸多不确定性，风险剧增，急需全面有效的风险管理，可当下却不知从何下手。

## 本章导言

### 风险防控，从战略到执行思考框架

战略层面，企业应将"风险管理，创造价值，预防为主"融入企业文化，把风险管控提升到战略高度。通过制定系统化策略与措施，增强供应链抵御外部不确定性的能力。这需要企业不仅时刻保持风险意识，更要有前瞻性，将风险管理深度融入供应链战略规划与管理流程，时刻对风险保持敬畏并有效管控。

操作层面，企业需构建完善的风险管理流程。首先，识别风险，把法律法规、地缘政治、自然灾害等外部风险，以及采购、物流、财务等内部运营风险都纳入考量范围，可借助PEST（政治、经济、社会、技术）、STEEPLED（社会、技术、经济、环境、政治、法律、道德、人口）模型识别外部风险，参照PRC147管控内部风险。[一]其次，运用科学的风险评估方法对识别出的风险进行量化分析，明确风险发生的可能性（频度）和潜在影响程度（强度）。最后，依据评估结果，制定针对性的风险应对策略，如采用风险规避、风险降低、风险转移及风险接受等4T法则，确保对各类风险实现有效管控。

本章重点探讨从预警机制建立、重大风险识别，到出海供应链应急能力提升、资金结算与汇率风险防范以及合同风险防控等内容，这些环节将为企业筑牢安全防线，助力企业打造稳健可靠的供应链体系。企业进军印度、墨西哥、越南、匈牙利、尼日利亚时，还可参考附录中的"供应链出海五大热门国家攻略"。

---

[一] 具体参见《采购全流程风险控制与合规》一书。

## 8.1 如何精准识别和管控供应链风险

除了我们熟知的供应链运作风险，在供应链出海进程中，企业面临的风险极为复杂：政治层面，贸易政策多变，地缘政治冲突；经济层面，汇率大幅波动，经济周期各异；社会文化层面，文化习俗冲突、劳动力市场差异凸显；技术层面，技术标准不一，技术封锁常见，环境、法律与伦理道德风险也相互交织。这些风险如同潜藏暗礁，随时可能使企业供应链出海遭受严重冲击。

因此，企业急需构建一套精准的风险识别与管控机制。这不仅是企业在海外市场稳健发展的关键，更关乎企业的兴衰存亡。

### 8.1.1 风险识别的 4 大策略

在供应链风险管理中，精准且无遗漏地识别风险至关重要。以下四大策略为企业供应链风险识别筑牢防线。

**1. 借鉴历史经验**

吃一堑长一智，快速复盘、总结学习的能力也是一种竞争力。出海企业通过复盘曾经历过的风险事件，能够清晰辨别出有效的应对策略与失误之处，从而为当下及未来的风险防控提供极具价值的参考。

企业应建立一套完备的风险管理档案系统，详细记录风险事件的时间、地点、起因、应对措施、结果等关键要素。同时，定期组织复盘会议，营造全员开放讨论的氛围，深入剖析风险事件，精准查找风险管理中的短板。

基于复盘成果，企业可以整理出"错题集"，将典型的失误案例收录其中，用作员工培训的生动教材。进一步提炼出"操作指南"，指导后续的风险管理。

### 2. 汲取他人经验

企业自身视野存在局限性，而行业内风险具有一定的共性，因此借鉴同行经验能有效规避重复犯错。企业可通过以下途径获取经验：积极参与行业会议、研讨会，主动与同行和专家交流；关注权威机构报告，深度剖析典型案例；利用专业网站和论坛，参与互动讨论；与合作伙伴、供应商建立紧密关系，定期沟通，共商风险应对之策，拓展认知边界。

在借鉴过程中，要结合自身的规模、业务模式等实际情况，避免盲目照搬。要保持批判性思维，持续学习改进，同时注重保护商业机密。

### 3. 借助外部专家力量

鉴于中国企业的出海经验相对有限，外部专家（包括各种咨询顾问公司）凭借丰富阅历以及专业知识和经验的积累，能提供独立、客观的风险评估与意见。企业可以因为一个项目聘请短期专家，也可以根据需要聘请长期专家，企业要舍得花钱，愿意为知识付费，压缩学习曲线时间，降低机会成本。

聘请专家宜多元化，涵盖中国专家与国外本地专家，中国专家熟知中国公司的表达语境和需求场景，本地专家则对本地法律法规、治理体系和商业习惯更为熟悉。融合双方意见并相互印证，有助于避免盲区，精准定位冲突点，获取更具针对性的解决方案。

### 4. 运用潜在失效模式和效应分析（FMEA）方法

当企业自身与同行经验匮乏且难以寻觅合适专家时，可引入FMEA方法，该方法可提前找出供应链的潜在问题并加以预防。风险管理遵循的是"不怕一万,就怕万一"。

运用 FMEA 时,需要确定分析范围,明确业务流程正常标准,列出所有可能的失效模式,并评估其严重程度与发生的可能性。虽然 FMEA 能系统全面识别风险,但实施过程复杂、耗时,企业需要投入充足资源以确保分析质量。

## 8.1.2 风险洞察的 8 个维度

在供应链出海进程中,企业面临诸多在国内运营时易被忽视的风险。企业可以运用 STEEPLED 模型(PEST 模型的扩展),从 8 个维度识别风险。

(1)社会(Social):文化差异对产品设计与营销、供应链运作影响重大,理解偏差极易引发文化冲突。并且,不同国家劳动力市场状况差异显著,工会势力强大的地区,时常面临罢工风险。

(2)技术(Technological):各国技术标准和认证体系极为繁杂,有些认证常被国内企业忽视。例如出口沙特阿拉伯,部分产品需要 SASO 认证,涵盖电子、机械、化工等多个品类;进入俄罗斯,电气产品需要 GOST-R 认证;在印度,电子电器需要 BIS 认证,食品需要 FSSAI 认证;巴西的 ANATEL 认证针对电信设备;伊朗的 ISIRI 认证涉及诸多进口商品。此外,部分国家实施技术封锁,限制企业获取关键技术与零部件。

(3)经济(Economic):汇率大幅波动给跨国交易企业带来汇兑损失,不同市场经济周期的差异也容易导致产品需求不稳定,造成库存积压难题。

(4)环境(Environmental):自然灾害频发区域,生产设施和物流网络极易遭受破坏,给企业运营带来极大挑战。

(5)政治(Political):贸易政策多变,加征关税成为常态,地缘政治冲突导致供应链中断风险剧增。部分国家政权更迭带来政策不确定性，驻在国与中国的外交关系同样直接影响企业经营环境。

（6）法律（Legal）：不同国家法律体系大相径庭，企业在合同签订、知识产权保护、劳动纠纷处理等方面面临较高的法律风险，合规成本高昂。

（7）道德（Ethical）：在部分商业环境欠佳的国家，存在商业贿赂和"灰关"等灰色行为的诱惑。企业一旦牵涉其中，必然陷入法律纠纷，严重损害企业声誉与长远发展。

（8）人口（Demographic）：发达国家人口老龄化严重，劳动力短缺；出海热门地区，受过专业培训的工人严重匮乏。这使得企业不仅招聘难度加大，维持稳定的员工队伍更是一个难题。此外，各国劳动力技能结构存在显著差异，在当地往往难以寻觅到符合生产要求的技术工人。如此一来，生产环节极易出现衔接不畅、工艺执行不到位等问题，进而严重影响生产效率与产品质量。

特别提醒出海企业，要高度警惕绿色壁垒与蓝色壁垒。一些国家设置严苛的环保标准和劳动法规，以保护环境和保护劳动者权益为名设置贸易障碍。其实，无论是在经济发达地区，还是像越南、非洲等部分经济发展水平相对较低的地区，都不可因当地经济状况，就主观臆断其在环保与劳动法规方面要求宽松。出海企业务必牢记，不应简单对标当地企业，而要时刻以当地法律法规为准绳。作为外来企业，遵守规范、合规经营是海外稳健运营的基石。

### 8.1.3 风险管理的 4T 法则

在供应链出海的复杂进程中，企业面临政治、经济、文化等多方面的风险，合理运用风险管理的 4T 法则，能有效保障供应链的稳定与安全。

（1）风险规避（Terminate）：避开风险过高的业务或地区。若某地区局势动荡、罢工频发，影响货物运输与生产，企业经评估后，可决定不在该地设生产基地或开展业务，避免供应链中断等风险。当某国贸易政策严苛且多变、运营风险增加时，企业可放弃进入该国市场，从根源杜绝潜在损失。

（2）风险降低（Treat）：采取措施降低风险发生概率和影响。例如物流环节，选用优质包装、与可靠物流商合作并建立货物跟踪系统，减少货物损坏、延误风险。在供应商管理上，严格考察评估，选择可靠供应商并建立长期合作，同时采用多供应商策略，降低供货中断风险。

（3）风险转移（Transfer）：把风险转嫁给其他方。例如企业可购买保险转移风险，包括海上货物运输保险、政治风险保险、罢工险等。也可通过签订合同转移风险，如与供应商在合同中明确供货延迟的赔偿责任，将供货风险部分转移。

（4）风险接受（Tolerate）：对于发生概率低、影响小的风险，企业可选择接受。例如海外仓库小额设备维修、节假日人力短缺影响货物装卸以及汇率小幅度波动导致成本略微上升等，企业可设应急资金池，或通过优化内部管理、调整产品价格来消化风险影响。

企业可将通过以上方法识别出的风险和对策汇集成册，编入"风险登记簿"，对风险进行监控和管理，形成"避坑指南"。

--- 经验分享 ---

### 供应链出海避坑指南（示例）

**1. 过度集权陷阱**

症状：巴西工厂在物流安排上，由于需要等待总部审批，错过了雨季物流的最佳窗口期，导致货物运输延误，成本增加。

对策：设定"分支自主决策额度"，比如规定 50 万美元以下的订单，分支可自行决定，无须报批，以提高决策效率。

### 2. 本地化孤岛风险

症状：越南工厂自行采购并使用非标设备，使得设备维修与全球统一的维修体系不兼容，一旦设备出现故障，全球维修资源无法及时提供支持，导致整个维修体系陷入瘫痪。

对策：总部推行"80% 通用 +20% 定制"的设备采购规则，既保证大部分设备的通用性，便于全球维修体系运作，又能满足部分本地化的特殊需求。

### 3. 文化冲突引爆点

案例：中国籍经理取消午休制度，引发法国工人抗议。因为在法国文化中，午休是工作生活的一部分，这一改变忽视了当地文化习惯。

对策：总部制定"文化适配清单"，明确（如最低工资标准等）不可妥协的事项，以及像考勤灵活性这类可根据当地文化适当调整的内容，避免因文化差异引发冲突。

## 8.2 如何提升供应链出海的韧性

供应链韧性指供应链在遭受内外部干扰时，能够快速恢复到原有状态或转变为更理想状态，持续保障产品和服务稳定供应的能力。供应链出海情境下，这种能力非常重要。面对地缘政治、法律法规、贸易壁垒等外部环境变化，建议企业构建情报系统，遵循"坏消息优先"原则，一旦监测到相关风险信息，及时向更高层级汇报。

提升出海供应链的韧性可以从标准化、备份与冗余策略以及制定应急预案与定期演练这三个方面入手。下面我将对这三个方面进行详细讨论并给出评价。

### 8.2.1 标准化，实现自由切换

部件标准化：实现部件的标准化可以确保不同供应商提供的部件具有互换性，降低因部件不兼容导致的供应链中断风险。例如，采用国际通用的接口标准和规格，可以确保设备在不同供应商之间自由切换，提高供应链的灵活性和可靠性。

流程标准化：制定统一的供应链管理流程，如采购流程、物流流程、库存管理流程等，可以确保各环节之间的顺畅衔接，减少因流程差异导致的延误和错误。流程标准化还可以提高供应链的可预测性和可控性，降低运营风险。

技能标准化：对供应链中的关键岗位进行技能标准化培训，确保员工具备统一的操作技能和质量意识。这有助于提升供应链的整体运行效率和质量，减少因人为因素导致的供应链中断风险。

管理标准化：建立统一的管理标准和体系，如质量管理体系、环境管理体系等，可以确保供应链各环节的管理水平一致，提高供应链的稳定性和可持续性。管理标准化还有助于企业更好地应对外部监管和合规要求。

标准化是提高供应链韧性和应急能力的基础。通过标准化，企业可以建立更加高效、可靠、灵活的供应链体系，降低因差异和不确定性导致的风险。然而，标准化也需要根据企业的实际情况和市场需求进行灵活调整和优化，以确保其适应性和有效性。

### 8.2.2 备份与冗余，可随时调用

供应商多元化备份：与多个供应商建立合作关系，确保在某一供应

商出现问题时能够迅速切换到其他供应商。这有助于降低因对单一供应商依赖导致的供应链中断风险。例如，企业可以在全球范围内寻找合适的供应商，建立多元化的供应链网络。

库存冗余备份：保持适量的安全库存，以应对市场需求波动和供应链中断等不确定性因素。实物储备和库存储备相结合，可以确保在紧急情况下有足够的库存支持生产和销售活动。

产能冗余备份：在做产能规划时考虑一定的冗余量，以应对市场需求突然增长或供应链中断等突发情况。这有助于确保企业在紧急情况下能够迅速扩大生产规模，满足市场需求。

人员冗余备份：对关键岗位、关键技能的关键人员进行冗余备份，确保在某一人员出现问题时能够迅速找到替代者。这有助于降低因人员流动或意外事件导致的供应链中断风险。例如，企业可以建立人才储备库，定期对关键岗位人员进行培训和考核，确保他们具备足够的能力和素质。

备份与冗余策略是提高供应链韧性和应急能力的重要手段。通过备份和冗余，企业可以建立更加稳健、可靠的供应链体系，降低因不确定性因素导致的风险。然而，备份和冗余也会增加企业的运营成本和管理难度，因此需要在风险控制和成本控制之间进行平衡。

### 8.2.3 应急预案，第一时间启动

出海企业的供应链极易受到各类风险冲击，构建精准风险预警机制、制定高效应急预案是应对之策。

**1. 构建精准风险预警机制**

（1）组建专业多元风险团队。

由供应链管理专家、风险管理人员、财务人员组成跨领域团队。供应链管理专家凭借实操经验洞察运营隐患，风险管理人员运用专业知识识别潜在风险，财务人员从资金层面评估风险影响。团队全面扫描供应链，精准评估风险的严重性与频度，为决策提供依据并提出管理建议。

（2）规范风险登记与评估流程。

将识别的风险详细记录在风险登记簿上，涵盖风险描述、影响范围、发现时间等，方便查阅管理。运用定性和定量相结合的方法，确定风险的严重性等级（高、中、低）和发生频度（频繁、偶尔、极少），按优先级排序分类，如重大紧急风险、需关注风险等。

（3）及时且精准发布预警信息。

依据风险评估设定不同预警级别（红色、橙色、黄色）及触发条件。例如，市场需求短期内大幅下降触发黄色预警，关键原材料供应面临中断触发红色预警。风险达到预警级别时，通过内部通知、邮件、短信等多渠道，迅速将风险的性质、程度、影响业务环节等情况及初步应对措施告知相关人员与部门。

### 2. 制定高效应急预案

（1）应急计划（EP）：瞬时响应保障。

应急计划侧重于突发事件发生时的快速响应。EP 不是简单的 B 计划，而是一系列应对流程与措施的集合。成立应急指挥小组，成员来自供应链管理、采购、生产、物流等关键部门，明确各成员的应急职责。面对供应商断供，1 小时内完成信息上报，快速启用备选供应商，采购、生产部门 24 小时内完成应对方案制订与资源调配，保障供应链关键环节短期内稳定运行。

（2）业务连续性计划（BCP）：核心流程续航。

BCP重点维持核心业务流程不间断运行。明确订单处理、生产制造、产品交付、客户服务等核心流程，评估其重要性与中断损失。订单处理搭建多渠道接收系统，主系统故障可切换备用；生产制造合理布局，一地停产可转移任务；产品交付与多家物流商合作，灵活调整配送方案。同时，建立人力、物资、技术资源保障机制，确保核心业务持续运作。

（3）灾难恢复计划（DRP）：全面重建修复。

DRP针对重大灾难后的供应链恢复。灾难发生后，要快速评估生产设施、库存、物流网络及订单延误等损失。优先修复关键生产设备、仓库与运输设备，制定修复时间表，明确责任人，必要时搭建临时场地恢复生产。根据损失与战略调整，重构供应链网络，更换无法合作的供应商或物流伙伴，实现全面恢复与升级。

## 8.3 如何防范资金结算与汇率风险

从供应链管理的整体视角出发，资金流是企业出海过程中必须精细管理的核心要素之一，它与物流、信息流共同构成了供应链的完整框架。面对陌生的海外市场环境，企业需要应对汇率波动、外汇管制及合作伙伴失信等多重挑战，以确保资金流的安全与高效。以下是从资金流角度对这些风险的具体管控策略。

### 8.3.1 应对汇率波动风险的策略

在供应链各环节的管理中，汇率风险管控是确保企业出海现金流稳定的关键所在。下面从供应链各环节出发，对汇率风险管控的具体策略展开讲解，并特别补充了财务管理环节中的一个重要做法。

### 1. 采购环节：分散与锁定双管齐下

（1）多元化采购布局：积极与全球不同国家和地区的供应商建立合作，结算货币也相应多元化。如此一来，单一货币汇率大幅波动时，其他货币交易可平衡风险，避免采购成本因汇率剧烈变动而失控。

（2）远期合约锁定汇率：签订采购合同时，运用远期外汇合约，提前锁定未来结算汇率。无论届时市场汇率如何起伏，企业都能按既定汇率交易，确保采购成本稳定可控。

（3）巧用外汇期权避险：购买外汇期权赋予企业在特定条件下按约定汇率交易的权利。市场波动利于企业时，可行使期权保障成本；形势不利时，也可放弃期权，灵活应对汇率变化。

### 2. 生产环节：本地布局与降本增效并行

（1）推进本地化生产：在目标销售市场或汇率稳定区域设立生产基地，减少跨境资金流动频次与规模。产品直接在当地生产和销售，可以降低因汇率波动引发的成本增加或利润缩水风险。

（2）强化成本控制：持续优化生产流程，引入先进技术与管理模式，提高生产效率。内部成本降低后，企业对汇率波动的承受能力就会增强，即使面临汇率不利变动，也能凭借成本优势维持利润空间。

### 3. 销售环节：市场多元化与条款优化共进

（1）多元化市场拓展：避免过度依赖单一市场，积极开拓全球多元销售市场。不同市场货币汇率波动并非同步，分散布局可使企业整体销售受汇率影响的程度降至最低。

（2）推广人民币计价结算：在国际贸易中大力推广人民币计价结算，能减少外币兑换环节，直接降低汇率转换成本，加快资金回笼速度，提升资金流运转效率。

（3）精细合同条款管理：在销售合同里明确汇率风险分担机制，设置汇率调整条款。当汇率波动超出一定范围时，按条款相应调整价格，合理分摊风险，保障双方利益。

4. 财务管理环节：监测、策略与意识齐抓

（1）定期精准风险评估：密切跟踪国际金融市场动态，定期全面评估汇率风险。依据评估结果，迅速调整资金配置、融资策略等，确保财务决策契合汇率形势。

（2）灵活优化结算策略：依据市场实时情况和业务实际需求，灵活切换货币结算方式。合理搭配结算货币，分散汇率风险。

（3）统一货币结算：尽可能让出口和进口采用同一种货币结算。例如，如果主要出口市场为美元区，那么进口也优先选美元区，消除不同货币兑换时汇率波动带来的潜在损失。

供应链出海管理人员，要将汇率风险管理理念融入企业日常运营，提升全体员工的风险意识。从基层到高层，各环节都要重视汇率风险，共同维护资金流的健康稳定。

## 8.3.2 应对外汇管制风险的策略

在企业出海进程中，资金跨境流动不可避免，外汇管制成为现金流的重大风险隐患。2022年印度执法部门冻结小米账户48亿元资金，在国内被广泛解读为，在印度投资有巨大的现金流风险。实际上，是双方对利润汇回规则认定存在差异，引发诉讼及舆论风波。出海企业应从中吸取教训，严格按规则行事。总体来说，不管哪个国家的政府，都可能存在"选择性执法"，但基本上都是在规则之下。在全球经营中敏锐接收

各类法规、政治等信息，才能真正融入世界经济。

为有效管控这一风险，企业需要从多维度制定策略。首先，要深入了解并遵守外汇管制政策，企业必须时刻关注目标国家或地区的外汇管制政策动态，包括资金出入境限额、兑换规定、申报流程等，确保自身资金跨境操作完全合规，避免因违规遭受处罚带来的经济损失与运营阻碍。其次，要寻求专业机构支持，借助专业金融机构、律师事务所或财务咨询公司的力量，协助制订合规且高效的资金跨境流动方案，并随时帮助解决资金跨境流动过程中可能出现的问题。

除此之外，还要特别注意以下两点。

### 1. 优化资金跨境流动路径

在供应链业务中，尽量采用多种货币进行结算，减少对单一货币的依赖。例如，企业在与不同国家的供应商和客户交易时，根据各地区货币稳定性、汇率波动趋势等，合理选择结算货币。如此一来，便能有效分散汇率风险，降低因单一货币受外汇管制而导致的资金流动受阻风险。并且，要合理规划资金流动，密切关注全球外汇市场动态以及各国政策走向，依据自身业务需求和市场环境，巧妙规划资金跨境流动的时间和规模。避免在外汇管制政策收紧、汇率波动剧烈等风险较高时期进行大规模资金跨境转移，从而降低外汇管制带来的风险。同时，在政策允许且条件具备的地区，企业可建立跨境资金池。通过将分散在不同地区的资金集中管理和统一调配，实现资金的高效运作。当部分地区面临外汇管制时，可利用资金池灵活调度资金，确保企业整体资金链稳定，提升应对外汇管制风险的灵活性与资金跨境流动的效率。

### 2. 巧用贸易融资工具

福费廷（Forfaiting）：又称包买票据或票据买断，是指出口地银行或金融机构对出口商的远期债权，如远期信用证、远期商业本票等，进行无追索权的贴现，让出口商提前获取现款。企业采用福费廷，能将远期债权迅速转化为即期现金，有效规避外汇管制对资金回笼时间的限制，保障资金及时回流。

保理（Factoring）：这是一种集结算、管理、担保、融资为一体的综合性金融服务。在国际贸易里，出口商将应收账款转让给保理商，保理商为其提供资金融通、买方资信评估等系列服务。通过保理业务，企业能够提前收回账款，降低外汇管制对资金回流造成的影响，优化资金周转。供应链管理人员要与财务专业人员互动，合理使用这两个工具，积极探寻其他的解决方案。

### 8.3.3　应对合作伙伴失信风险的策略

在供应链合作里，有效管控合作伙伴信用风险，对企业资金稳定与运营发展极为关键。企业可从构建信用评级体系、设定信用评级标准、依据信用评级管控资金流风险三方面防范风险。

#### 1. 构建完善的信用评级体系

（1）梳理合作历史：企业要翔实记录与各合作伙伴的交易详情，如金额、交货及付款时间等。重点回顾交货和付款的准时性，这是评估信用的关键。企业应深度挖掘历史数据，为信用评估提供有力的内部依据。

（2）参考权威评级：选用标准普尔、穆迪等权威国际评级机构的报告。仔细分析报告中合作伙伴的财务、经营及行业地位等信息，从专业视角评估其信用实力，弥补企业自身评估的短板。

（3）整合多元信息：借助行业协会、商会资源，了解合作伙伴业内口碑。开展市场调研、收集客户反馈，掌握其市场表现。将这些外部信息与内部数据、权威评级融合，形成全面的信用画像。

**2. 设定明确的信用评级标准**

（1）确定全面指标：结合自身业务需求，制定包含合作历史、国际评级、财务和行业地位等方面的评级指标。细化到偿债、盈利、运营等维度，纳入资产负债等定量指标与企业信用等定性指标，确保评级科学、全面。

（2）合理分配权重：给每个评级指标合理分配权重，体现其在评级中的重要程度。科学的权重设置能让评级结果精准反映合作伙伴的真实信用。

（3）划分信用等级：依据评级结果，把合作伙伴分为优秀、良好、一般、较差四个等级。明确各等级对应的资金流管控措施与风险水平，为差异化管控提供指引。

**3. 依据信用评级管控资金流风险**

（1）合理设定信用额度：信用等级高的合作伙伴，适度提高信用额度，促进合作；信用等级低的合作伙伴，降低信用额度或加强管控，防止资金损失。

（2）灵活调整付款条件：对信用等级高的，给予优惠付款条件，如延长账期、提供预付款；对信用等级低的，实施严苛付款的条件，如缩短账期、收取预付款，保障资金回笼。

（3）强化资金流监控：定期严密监控与合作伙伴的资金流，尤其对信用等级低的加大监控频率和力度，及时发现风险隐患，确保合作稳定。

（4）建立风险预警机制：一旦合作伙伴信用异常，如评级下降、财务恶化，立即触发预警。根据预警，迅速采取降低信用额度、暂停合作、法律维权等措施，化解资金风险。

通过上述策略，企业能构建科学的信用评级体系，精准管控资金流风险，保障供应链合作中的资金安全与运营稳定。

## 8.4 如何有效防范与应对合同风险

企业出海过程中，确保合规性是面临的四大挑战之一。在与海外商务伙伴合作时，合规问题不容忽视，合同风险也需时刻警惕，这贯穿合同从签订到执行的整个过程。其中，要特别注意规避欺诈风险，要对合同主体的资质和能力进行全面评估。一位受访者提醒，一些不法分子会打着"××商会"等看似权威的名号招摇撞骗，这类组织缺乏实际资质和信誉保障，却利用人们对相关名号的信任实施诈骗行为。

众多企业出海的实践经验表明，处理跨境合同时，规范签订流程、强化履行监控力度以及妥善解决合同纠纷，是成功规避风险、保障合作顺利进行的关键。

以下是一份我为出海企业精心准备的跨境采购合同风险管控指南。

### 8.4.1 跨境合同风险规避指南

在供应链出海的过程中，跨境合同风险如影随形，稍有不慎便可能让企业遭受巨大损失。为帮助供应链管理者有效避险，下面将详细阐述跨境合同的风险及应对方法。

1. 跨境合同潜藏的四大核心风险

（1）语言歧义风险。

合同中的语言翻译和术语使用若不严谨，极易引发纠纷。例如，"不可抗力"直译为"Force Majeure",但部分国家（如印度）法律对比界定模糊,需明确列举洪水、罢工等事件;"订金"（Deposit）与"定金"（Down Payment）在英美法系中法律责任也大不相同;某企业因将"延期交货违约金"译为"Late Delivery Compensation",被海外法院认定为"补偿金"而非"罚金",导致索赔失败。

（2）法律体系冲突风险。

不同法律体系对合同的解释和执行存在显著差异。大陆法系（德、法等）严格按条款字面执行,模糊条款易被认定无效;普通法系（美、英等）结合交易习惯和历史判例解释,口头承诺可能被认定为合同的一部分。

（3）文化习惯埋雷风险。

文化习惯的差异在合同履行中也会埋下隐患。时间观念上,德国要求交货期精确到日,而中东"下周交货"可能指未来15～30天;决策流程上,日本企业需层层盖章,合同生效时间远超预期;还有灰色条款,在东南亚默认接受"疏通费",但在美国可能触犯《反海外腐败法》（FCPA）。

（4）执行保障缺失风险。

签约主体混乱、争议解决条款缺失以及本地化合规漏洞等问题,都可能导致合同执行困难。例如,对方以子公司签约却无母公司担保,破产时无法追偿;未约定仲裁地或适用法律,跨国诉讼成本超标;未遵守欧盟GDPR数据条款,面临年收入4%的罚款。

**2. 四步避险法护航合同全流程**

（1）主体审查,避开陷阱。

通过Dun & Bradstreet查证对方的企业信用评级,要求提供公司章程以确认签约权限；对代理商，核查其区域独家代理权是否与现有渠道冲突。同时，可借助全球企业征信平台（如Creditsafe、Bloomberg Terminal）和制裁名单筛查工具（如World Check），确保合作方可靠。

（2）双语合同设计，杜绝模糊。

明确主次文本，对价格、付款条件等关键条款进行表格+双语对照，坚决禁用机器翻译，聘请专业法律双语秘书。

（3）条款打磨，细化规则。

制定合同条款时，要设置价格调整机制、明确交货条件、指定质量争议检验机构、约定知识产权责任和退出机制等。尤其要注意包装条款，充分考虑各地装卸设施条件和装卸习惯，明确包装的材质、规格、尺寸等细节，避免因包装问题导致货物在装卸过程中受损或延误交付。

（4）签署流程合规，注重细节。

关注不同地区对签章有效性的要求，如普通法系国家需Witness（见证人）签字+公证，中东国家公司公章需在工商部门备案才有效。使用电子合同时，确认当地法律效力，可借助DocuSign（支持50多个国家电子签名满足法律要求）等工具。

跨境合同管理并非简单的文字工作，而是用法律语言重构商业逻辑。供应链管理者应掌握"主体审查+条款设计+动态监控"三大防线，在国际规则与本土实践中找到平衡，让合同成为供应链出海的坚实保障。

### 8.4.2 知识产权风险规避指南

对于中国供应链出海企业，与海外伙伴合作时，在合同中千万不要无视知识产权条款。要从合同管理出发，做到不侵权，也不被侵权。

### 1. 合同签订前：双管齐下做排查

（1）自身产权梳理：全面清点企业内部专利、商标、著作权，明确各知识产权的保护范围、有效期与归属。清晰界定核心技术专利覆盖范畴，为出海合作筑牢根基，杜绝因自身产权不明引发纠纷。

（2）伙伴背景审查：深入调查海外伙伴的知识产权状况，包含其持有的产权、涉诉史等。利用专业机构、商业数据库了解其有无侵权纠纷。若伙伴有频繁诉讼史，合作就得谨慎。同时，留意对方产权有无瑕疵，防止自身使用时侵权。

### 2. 合同条款制定：三项约定保权益

（1）产权归属约定：合同里应明确合作产生的知识产权归属。若是共同研发，按各方人力、物力、技术投入定好权利份额。比如，按投入比例划分所有权，或一方有使用权、另一方有所有权。

（2）授权范围界定：清晰规定知识产权授权的地域、时间、使用方式。要是授权对方用企业商标，就得明确可用于哪些产品、在哪些地区销售、使用多久，防止对方超范围使用。

（3）侵权责任划分：详尽拟定侵权责任条款。合作中一方侵权，要担全责与赔偿。如果伙伴擅自用第三方知识产权致侵权，要赔偿企业所有损失。同时约定双方因疏忽致对方侵权的责任，做到权责明晰。

### 3. 合同履行中：监控沟通防风险

（1）建立监控机制：合作期间定期检查伙伴对知识产权的使用情况，确保符合合同。比如，定期查看对方产品商标使用是否规范、有无超专利范围生产，及时纠错防止侵权。

（2）保持沟通协作：与伙伴保持密切交流，及时解决知识产权问题。

一旦发现侵权迹象，双方迅速协商应对。如果发现疑似侵权产品与伙伴有关，立刻联合调查，明确责任，及时处理。

**4. 合同变更与终止：妥善收尾断后患**

（1）变更时产权调整：如果合同变更涉及知识产权，如授权范围、使用方式改变，要签补充协议重定权利和义务，防止风险失控。

（2）终止后权利回收：合同终止，按约定收回授权，要求对方停用。例如让对方销毁带企业商标的包装，停用特定技术。企业自身也要确保不再用对方的知识产权，做到互不侵权。

## 8.4.3　跨境合同纠纷处理指南

在争议解决机制方面，我们应明确约定争议解决的方式（如协商、调解、仲裁或诉讼），以及适用的法律、仲裁机构和仲裁规则，为可能的纠纷提供明确的解决路径。

一旦发现货物存在质量问题，买方应立即拍照留证，并保留所有与供应商的沟通记录，包括邮件、聊天记录、视频会议录像等，作为索赔的依据。同时，在发现货物存在质量问题或知识产权侵权等情况时，买方应立即采取措施保全证据，包括拍照、录像、封存样品、保留通信记录等，以确保在后续仲裁或诉讼中能够提供充分、有效的证据。

在确认质量问题后，买方应首先向供应商发送正式索赔函，详细列出问题点、损失金额及索赔依据，并要求供应商在规定时间内回复并提出解决方案。若供应商拒绝或未能在规定时间内解决，则应启动仲裁程序。

当发现货物存在质量问题或涉嫌知识产权侵权时，买方应立即与供应商沟通，要求其提供解决方案或进行赔偿。同时，启动证据保全程序，以确保所有相关证据得到妥善保存和记录。在仲裁或诉讼过程中，买方应充分利用专业法律服务团队的资源，准备充分的证据材料以支持企业的主张，并积极配合仲裁机构或法院的调查和审理工作，确保纠纷得到公正、合理的解决。

通过以上全面且详细的策略指南，出海企业能够在签订跨境采购合同时规范签订流程，加强履行监控，并妥善处理可能出现的纠纷，从而更有效地控制风险并确保合规，保障企业的合法权益与利益最大化。

### ▶▶▶ 实战指南

本章开头提供了一个关于供应链出海面临多重风险的案例。这些风险需要我们高度重视并采取有效的措施进行防范和应对。

建议如下。

为了应对物流风险，海洋贸易应当加强与物流服务商的合作，优化运输路线和清关流程，提高物流效率和可靠性。同时，还应建立应急物流机制，以应对突发情况。

针对资金流风险，海洋贸易应当加强与客户的沟通和信用评估，采用多种支付方式并建立风险准备金制度。同时，还应当密切关注汇率变动和外汇管制政策，及时调整资金策略，以降低汇率风险和资金结算风险。

对于信息流风险和合同风险，海洋贸易需加强与供应商、客户之间的信息共享和沟通，建立高效的供应链信息系统。同时，聘请专业的法律顾问团队，对合同条款进行逐一审查和分析，确保合同合法合规。此外，应加强对当地法律环境和商业习惯的学习和研究，以提高自身的法律意识和风险防范能力。

期待海洋贸易成功应对供应链出海面临的各种风险和挑战,提高供应链韧性。也期待通过海洋贸易这个案例,让供应链出海企业深刻体会到供应链风险管理的重要性,并决定将风险管理作为企业发展的核心战略之一。

# 第 9 章

# 数字化转型：科技赋能全链，驱动全链升级

供应链出海，企业面对合规、效率、沟通、本地化四大挑战，传统供应链管理有些力不从心。在这样的困局下，数字化转型是破局四大挑战的有力武器。

前面提到"信息流问题解决了，供应链问题就解决了一半"，数字化就是解决信息流问题的有效工具。通过构建数字化平台，企业拉通供应链各环节的数据，消除信息孤岛，可大幅提升供应链效率。同时，借助数字化精准收集不同地区的法规政策信息，建立合规预警系统，有效应对合规挑战。

在数字化时代，"时光机思维"作用有限，企业不能一味照搬欧美日韩的出海经验，而应借数字化转型实现"弯道超车"。比如，面对人工成本上涨，可推动"机器换人"，对于由"知识工人"完成的简单重复工作，可用机器人流程自动化（Robotic Process Automation，RPA）替代，实现降本增效；面对语言障碍，AI 能承担大量翻译工作，打破沟通壁垒，推动本地化。

### 开篇案例

## "链"上智慧,破茧而出

有一家名叫"智慧制造"的企业,是一家在电子产品制造领域颇有名气的公司。它的产品不仅在国内市场深受欢迎,还远销海外,供应链也因此延伸到了世界各地。然而,随着供应链的出海,一系列问题也随之而来,并且变得更加严重。

信息不共享的问题在企业供应链出海后越发凸显。由于时差、语言和文化差异,销售部门与生产部门、采购部门之间的沟通变得困难重重。销售部门难以准确预测海外市场的需求变化,生产部门则因为无法及时获取销售信息而经常出现生产过剩或供不应求的情况。库存因此不断增加,不仅占用了大量的资金和仓储空间,还因为海外仓储成本高昂而进一步增加了企业的运营成本。

同时,部门之间的不协同在企业供应链出海后也变得更加明显。生产、销售、采购等各个部门因为地域和文化的差异,难以形成有效的沟通和协作。生产计划经常因为原材料供应不及时或客户需求变化而被打乱,销售订单也因为生产延误和物流不畅而无法按时交付,企业因此失去了很多海外客户和市场机会。

面对这些严峻的挑战,智慧制造的管理层意识到,必须采取更加有力的措施来解决这些问题。

### 本章导言

## 数字化转型,从战略到执行思考框架

从战略层面看,数字化转型不仅是提升企业竞争力的关键途径,也是应对出海过程中复杂多变的市场环境的重要举措。然而，转型之路并非坦途，高昂的投入成本、数据隐私保护的限制以及跨境数据传输的法规约束，都构成了企业必须面对的难题。因此，企业需从战略高度出发，着眼长远，注重转型的合规性与可持续性，制定一套既符合自身发展实际，又能有效应对外部挑战的数字化转型策略。

从执行层面看，企业需将数字化转型策略细化为具体可操作的实施步骤。首先，要深入分析现有业务流程，找出效率瓶颈和改进空间，为数字化转型提供明确的方向和目标。其次，在确保数据隐私保护和合规性的前提下，积极探索低成本的数据获取和跨境传输方案，如利用云计算、大数据等先进技术，实现数据的高效处理和利用。同时，企业还应加强与相关监管机构的沟通与合作，确保数字化转型过程中的所有操作都符合当地法律法规的要求。最后，企业需建立一套完善的数字化转型评估机制，定期对转型效果进行评估和调整，以确保转型的顺利进行和预期目标的实现，解决供应链效率低下的难题。

## 9.1 如何构建海外供应链数字化平台

### 9.1.1 如何低成本构建全球供应链系统

在当今全球化的商业浪潮下，众多中国企业积极寻求出海拓展业务，而构建一套高效且低成本的供应链体系成了关键所在。以下几种策略能够助力中国出海企业达成这一目标。

**1. 借助云计算与 SaaS 服务削减成本**

云计算平台提供了一种灵活、高效的计算方式，使企业无须投入大量资金购买和维护硬件设备。通过按需付费使用云服务提供商的资源，企业可以根据业务需求动态调整资源，避免资源浪费。这种资源共享和按需付费的模式，大大降低了基础设施的成本。

对于出海企业而言，云计算平台的全球化服务更是为构建全球供应链系统提供了有力支持。企业可以在全球范围内快速部署和扩展业务，无须担心地域和基础设施的限制。云计算平台的 API（应用程序编程接口）和工具也便于企业与其他系统进行集成，实现数据的共享和流通，进一步提高了供应链的管理效率。

SaaS（软件即服务），是一种基于互联网提供软件服务的应用模式，使企业无须购买、安装和维护软件，只需通过互联网访问并使用软件服务。这种模式省去了软件许可、安装、维护和升级的费用，使企业能够更加灵活和经济高效地使用软件服务。

在供应链管理中，SaaS 软件如 SRM 和 CRM 等，提供了完善的供应链管理功能，如供应商管理、采购管理、库存管理、订单管理等。这些软件还支持与其他系统（如 ERP 系统、财务系统等）的集成，实现数据的共享和协同工作。对于出海企业而言，SaaS 软件还提供了全球化的服务，支持多语言和多货币的功能，帮助企业更好地适应全球市场的需求和变化。

### 2. 运用低代码工具实现降本增效

低代码平台使企业无须编写冗长复杂的代码，仅凭借可视化的拖拽、配置操作以及丰富的预制模板和组件，就能让开发人员轻松构建贴合企业自身业务的数字化供应链工具，极大地简化了开发过程，降低了开发成本。并且，低代码平台支持工具的扩展和升级，使系统具备灵活性与可扩展性，降低因业务变化而带来的额外成本。

## 9.1.2 供应链控制塔：供应链出海管理的利器

供应链控制塔（Supply Chain Control Tower）是一种数字化、智能化的中枢管理系统，通过整合供应链各环节的实时数据，提供端到端的可视化、协同性和决策支持。其核心目标是实现供应链的透明化、敏捷化和优化，尤其适用于跨国、多节点的复杂供应链管理。

**1. 供应链控制塔的核心作用**

（1）端到端可视化：供应链控制塔能够实时监控全球供应链网络，涵盖供应商、生产、物流、库存以及客户等各个环节，有效打破数据孤岛。通过直观的仪表盘展示订单履行率、库存周转率、运输时效等关键指标，方便快速定位问题。

（2）智能决策支持：借助 AI 和大数据分析，它可以预测需求波动和供应中断风险，并提供动态调整运输路线、补货策略等优化的建议。还能模拟汇率波动、关税调整等不同场景对供应链的影响，辅助企业进行长期规划。

（3）风险预警与韧性提升：能实时监测地缘政治、自然灾害、港口拥堵等风险，一旦触发预警便立即启动应急预案。同时，通过多源供应商备选方案和安全库存配置等措施，降低供应链断链风险。

（4）效率与成本优化：自动化处理订单分配、运输调度等流程，减少人工干预，降低运营成本。通过选择最优清关路径、设计多式联运方案等方式，优化全球物流网络。

**2. 供应链出海痛点与供应链控制塔解决方案**

出海企业常面临诸多痛点。跨国的复杂性体现在多国法规、文化差异、汇率波动上；低效协同表现为全球供应商、物流商、分销商之间信息割裂，响应延迟；不可控风险包括地缘冲突、物流中断、需求预测偏差等。

供应链控制塔对上述痛点的针对性解决方案如下：在多语言与本地化合规方面，集成各国海关规则、税务政策，自动化生成合规文档；整合全球物流网络，对接国际物流商的 API，实时跟踪跨境运输状态；动态成本优化，计算不同运输组合的总成本与时效，平衡效率与成本，并降低风险。

## 案例研究

### 供应链控制塔，成就灯塔

在竞争白热化的电子产品制造领域，联宝科技作为联想集团全球最大的智能计算产品研发制造基地，面临严峻挑战。为突出重围，联宝科技全力打造供应链控制塔。2023 年，联宝科技凭借此成果入选世界"灯塔工厂"。

在订单计划上，引入 IPS（入侵防御系统），从 EDI 接单到主计划发布全程自动化，依据复杂场景智能确定订单优先级，合理分配物料与产能。排产环节，运用 LAPS（智能排产系统）解决方案，开创式地将人工智能算法用于排产，综合 47 种以上因素生成最优方案。

在供应商协同方面，联宝科技建立多级需求过滤机制，优先处理急单，打通与供应商 MES（制造执行系统）的连接，搭建供应云平台，实现供需信息实时交互与智能预警。物流上推进自动化与数字化，提升运作效率。同时，研发 Supplier 360 识别供应链风险点，借助 GreenLink 平台管理碳排放，提升产业链 ESG 水平。

最终，联宝科技收获傲人成果：排产量提升 23%，订单交期满足率提高20%，排产耗时降低97%，结构件库存从300万套降至150万套，为出海企业树立了标杆。

## 9.1.3 信息质量，供应链出海管理的生命

我们常说，质量是企业的生命，我特别想说，信息质量是供应链出海管理的生命。信息质量不仅在于信息的全、真、精、新，还在于信息传输。要确保信息传输的质量，可以从信息结构化、信息标准化和信息书面化三个方面入手。以下是我的经验总结。

---
**经验分享**
### 践行"三化"，确保信息传输质量

**1. 信息结构化**

首先，我们需要对要传递的信息进行结构化处理。这就像搭建一个框架，让信息在传递时能够有条不紊、清晰明了。具体来说，可以从以下几个方面进行结构化。

确定信息类别：明确要传递的信息属于哪个类别，比如供应链中的物流信息、库存信息、生产进度信息等。这样可以帮助接收者快速定位到所需的信息。

划分信息层次：将信息按照重要性、紧急程度等进行层次划分。比如，将关键指标和异常情况放在最显眼的位置，让接收者能够一目了然。

建立信息模板：为每类信息设计固定的模板，包括信息的标题、内容格式、数据字段等。这样可以确保信息的完整性和一致性，减少信息遗漏或被误解的风险。

### 2. 信息标准化

接下来，我们需要对信息进行标准化处理。这就像给信息制定一套统一的"语言"，让供应链上的各方都能够准确理解。具体来说，可以从以下几个方面进行标准化。

定义信息术语：对供应链中的专业术语进行统一定义和解释，避免因为术语理解不一致而导致的误解。

制定数据标准：明确各类数据的格式、单位、精度等要求，确保供应链上的各方在提交和接收数据时能够遵循统一的标准。

建立信息编码体系：为信息建立唯一的编码或标识符，方便在系统中进行跟踪和管理。同时，也可以避免因为信息重复或混淆而导致的错误。

### 3. 信息书面化

最后，我们需要将信息以书面的形式进行记录和传递。这不仅可以确保信息的准确性和可追溯性，还可以方便供应链上的各方进行查阅和存档。具体来说，可以从以下几个方面进行书面化。

使用正式文档：在传递重要信息时，使用正式的文档格式（如 PDF、DOC/DOCX 等），避免使用口头或即时通信工具等非正式方式。

标明版本信息：在文档的标题或页脚处标明版本号和发布日期等信息，以便接收者了解该文档的最新状态和历史变更记录。

审核与审批：在文档发布前，进行严格的审核与审批流程，确保文档中的信息准确无误且符合企业的相关规定和标准。

通过在信息结构化、信息标准化和信息书面化这三个方面的努力，我们可以有效确保信息在传递时保持高质量。这样一来，无论是总经理还是供应链总监，都能够更加准确地把握供应链的运行情况，做出更加明智的决策。

## 9.2 如何使用数字化工具提升出海效率

供应链跨越国界，环节众多、流程复杂，效率降低。作为供应链管理者，要善于使用数字化工具提高供应链出海运作效率。

### 9.2.1 三大技术破解三大难题

供应链出海，企业面临复杂国际环境、不同地域规则和多元文化差异，由此产生可视化程度低、信任度不足、预测准确性差这三大难题。物联网、区块链和大数据等数字化技术，成为企业突破困境、抢占海外市场的关键。

1. 物联网：让供应链全程可视

物联网是通过各类传感器、RFID 标签等设备，将物品与互联网连接，实现对物体的智能化识别、定位、跟踪、监控和管理的技术。在供应链出海时，跨国运输环节众多，货物状态监控极为困难。一家中国食品加工企业向中东出口食品，食品对温湿度要求苛刻。该企业在货柜安装温湿度传感器与 GPS 定位传感器，温湿度一旦异常，系统就会报警，企业便能及时调控，防止食品变质；GPS 定位则让企业随时知晓货柜位置。依靠物联网集成分析数据，企业搭建起全链条可视化管理体系，保障供应链高效运转。

2. 区块链：构建信任共享机制

区块链是一种去中心化的分布式账本技术，具有不可篡改、全程可追溯等特性。供应链出海涉及多方主体、不同的商业规则和文化背景，极易因信息不对称引发信任危机。中国某服装企业出海东南亚，与当地各方合作时运用了区块链技术。面料来源、物流轨迹等信息都被完整记录且不可篡改。出现质量问题，可快速溯源；智能合约自动执行合同条款，降低了违约风险，增强了各环节之间的信任。

### 3. 大数据：精准预测市场走向

大数据技术是从海量数据中快速获取有价值信息的技术。海外市场环境复杂，需求预测难度大，企业常面临库存积压或短缺问题。一家中国家电企业在开拓北美市场时，利用大数据分析当地消费者购买偏好、季节需求变化以及能效政策。基于分析，企业提前调整生产计划，优化库存配置，储备产品至海外仓；还通过分析物流数据，优化运输路线，降低物流成本，凭借精准决策在北美市场站稳脚跟。

物联网、区块链和大数据技术紧密贴合供应链出海场景，针对性地解决了三大核心难题，全方位提升供应链的运转效率，助力企业在全球市场开疆拓土。

## 9.2.2　一码到底：推动一盘货管理有效实施

在全球供应链管理领域，"一码到底"与"一盘货"管理是提升效率与竞争力的重要策略，二者紧密相连，协同发力。

"一码到底"为供应链中的每个物料赋予独一无二的识别码，如同物料的"身份证"。从采购验收起步，历经库存管理、零部件追溯、质量控制，直至销售环节，该识别码全程伴随，确保物料的全流程跟踪与管理。

此模式优势显著。它能够打破国家和地区间物料编码差异，达成全球统一管理，消除沟通障碍；简化信息处理流程，减少错误与重复劳动，极大提升运营效率。借助该码，企业能实时掌握物料状态、位置与数量，增强供应链的透明度。同时，能够精准预测与控制库存，有效规避货物积压或缺货困境。国家能源集团实施的"一码到底"ERP 增补专项工作，为项目赋予唯一编码，串起各环节，提升管理效率与透明度；中国移动通过相关平台实现物资全生命周期管理，优化资源配置。

"一码到底"是推动"一盘货"管理落地的关键支撑。"一盘货"模式强调将供应链内所有货物，由虚拟或物理中心统一管理与调配。凭借信息共享、库存共享及统一调度，实现供应链高效运转，实时把控全球库存，减少信息滞后与不对称，提升库存周转率，降低成本。

企业若要实现"一盘货"管理，可从以下方面着手：其一，搭建统一信息平台，运用云计算、大数据技术，汇聚库存、销售、生产等信息，保障各部门及合作伙伴实时获取准确数据；其二，实施库存集中管理，将各地库存整合于虚拟或物理中心，依据市场需求与销售预测，合理调配库存；其三，依据"一盘货"理念重新规划物流配送网络，整合物流资源，优化运输方式、路线，减少中转，降低物流成本，提高配送效率。

某国际零售巨头便是成功范例。通过构建统一信息平台，实现信息共享，集中管理全球库存。同时，强化与供应商、制造商、分销商的协同合作，优化供应链流程。最终成功削减库存成本，提升库存周转率与客户满意度。"一码到底"为"一盘货"管理提供精准追踪与数据基础，助力企业在复杂多变的全球市场中，实现供应链的高效运作与精细化管理。

## 9.2.3 系统打通，解决兼容问题

企业出海所应用的供应链系统众多，各个部门、各个国家都有各自的系统，如果系统不兼容，系统就无法发挥作用，并将给供应链管理带来灾难。诸如 SRM、CRM、ERP、WMS 等多类信息系统，若这些系统间无法兼容，将导致供应链信息割裂，形成信息孤岛，进而无法充分发挥数字化的优势。因此，在选型之前，企业首要任务是明确自身的需求

与目标。这要求企业深入剖析当前的业务流程、存在的痛点及未来的发展战略，从而精准确定所需信息系统的类型以支撑业务运作。此过程涵盖对各功能模块作用的理解及它们如何协同工作的认识。

为了避免系统间无法兼容的情况，企业可以从以下几个方面入手。

### 1. 制定统一的集成标准和规范

企业可以在采购信息系统之前，就制定统一的集成标准和规范。这包括数据格式、通信协议、接口规范等方面的要求。通过制定统一的集成标准和规范，可以确保后续采购的信息系统能够按照统一的方式进行数据交换和通信，为系统的互联互通打下基础。

### 2. 选择具有开放性和扩展性的系统

在采购信息系统时，企业应优先选择那些具有开放性和扩展性的系统。这类系统通常提供了丰富的 API 和数据交换标准，能够更容易地与其他系统进行集成和对接。例如，一些先进的 ERP 系统就支持多种数据格式和通信协议，能够与各种外部系统进行无缝衔接。

### 3. 考察供应商的集成能力和经验

选择供应商时，企业不仅要关注产品的功能和性能，还要重点考察其集成能力和经验。优秀的供应商通常拥有丰富的系统集成经验和过硬的技术团队，能够提供定制化的集成方案，确保各信息系统之间能够无缝对接。此外，供应商还应该能够提供长期的技术支持和维护服务，以确保系统的稳定运行和持续优化。

### 4. 利用中间件和集成工具

如果企业已经采购了多个不同品牌、不同功能的信息系统，并且它们之间无法直接进行数据交换和通信，那么可以考虑利用中间件和集成工具来解决这个问题。中间件和集成工具通常提供了丰富的功能和灵活的配置选项，能够帮助企业快速实现信息系统的集成和对接。例如，一些数据集成平台能够实现不同系统间数据的实时同步和交换。

### 5. 确保系统的兼容性与互操作性

在选择信息系统时，还需特别注意系统的兼容性与互操作性。这包括操作系统、数据库、硬件等方面的兼容性以及不同系统间的互操作性。为确保系统的稳定运行与无缝对接，可以选择那些经过广泛验证与测试的系统和组件，避免使用过于冷门或技术不成熟的产品。

通过以上这些措施，企业可以有效地避免信息系统之间的信息孤岛现象，充分发挥数字化的作用。

## 9.3 如何有效保护数据安全与隐私

企业出海可能导致供应链流程变长，效率降低，所以，要最大化地利用数字化工具来解决供应链管理中的痛点问题，要借助出海的时机来推动供应链的数字化转型，但是要确保数据的安全性和合规性。把技术问题交给 IT 部门，作为业务条线负责人，在管理上要注意以下三点。

### 9.3.1 获取数据，注意合规

在出海企业的供应链管理征途中，合规地获取数据是举足轻重的一环，它不仅紧系企业的法律遵循状况，更深远地影响着企业的声誉、市场进入门槛以及长远的发展蓝图。供应链管理的诸多环节，诸如信息处理、供应链协同、远程工作模式、数据分析与挖掘等，均牵涉客户隐私数据的采集、保存、处理及应用，因此，在这些关键节点上，必须格外审慎，并采取有力措施来保护客户的隐私。

对于致力于海外拓展的企业而言，在隐私保护要求严苛的目标国家，以下信息通常被视作客户隐私的敏感内容。

（1）个人信息：涵盖客户的姓名、住址、联系电话、电子邮箱等基本信息。

（2）财务信息：包括银行账户详情、信用历史、收入状况等敏感数据。

（3）健康信息：涉及客户的身体状况、医疗档案等私密记录。

（4）通信隐私：如通信记录、聊天记录等个人通信信息。

（5）位置信息：涉及客户的地理位置、常访地点等行踪数据。

（6）网络行为数据：包括浏览历史、搜索记录、在线活动等网络足迹。

（7）生物识别信息：如指纹、面部识别数据、声纹等独特标识。

（8）其他敏感信息：涉及客户的宗教信仰、政治倾向、性取向等个人隐私。

这些信息在隐私保护意识强烈的国家受到严格保护，要求企业必须严格遵守当地的数据保护法规及隐私政策，确保在数据的全生命周期内——从收集、处理到传输和存储，均符合相关法律法规的要求。

为了合规地获取这些敏感信息，出海企业应当遵循以下原则。

透明告知与获得同意。根据中国的《网络安全法》《数据安全法》《个人信息保护法》以及欧盟的《通用数据保护条例》（GDPR）、美国的《加州消费者隐私法案》（CCPA）等法律法规，企业在收集客户隐私前，需以清晰、易懂的方式明确告知客户信息收集的目的、方法及范围，并获得客户的明确同意，这是确保合规的基础。

遵循最小必要原则。企业应仅收集实现业务所必需的最少量数据，避免过度采集，同时，需仔细评估每项信息的必要性，确保所收集数据与业务目的直接相关。

实施安全措施。在数据的收集、存储、处理及传输过程中，企业应采取加密传输、访问控制、防火墙等必要的安全措施，以防范数据泄露和未经授权的访问，同时，需定期评估并更新安全措施，确保其有效性和适应性。

建立合规数据管理制度。企业应构建完善的数据管理制度，明确数据收集、处理、存储及传输的流程和责任。该制度应涵盖数据分类、存储期限、访问权限、备份与恢复等方面的规定，以确保数据的合规性和安全性。

关注目标国家隐私法规。出海企业应密切关注目标国家的隐私法规动态，了解并遵守当地的数据保护和隐私要求，可通过与当地法律顾问合作、参与行业研讨会等方式，及时掌握隐私法规的最新动态和最佳实践。

可见，企业在出海前务必深入了解并遵守目标国家的法律法规及隐私保护要求，同时，定期审查数据收集和处理活动，确保始终符合最新的法规要求。若法规或企业业务模式发生变化，应及时更新数据管理制度和操作流程，以维持持续的合规状态。

## 9.3.2 传输数据，注意安全

在企业拓展海外市场、供应链流程日益繁复及效率面临考验的背景下，数字化工具虽能极大提升沟通效率，但同时也带来了新的数据安全挑战。为确保在利用信息技术促进供应链沟通的同时，数据的安全与完整得到充分保护，以下是从供应链管理层面，而非纯技术角度，探讨的一些具体策略。

作为供应链这个职能部门，在数据分级分类、访问限制、与供应链伙伴合作以及应急响应与灾难恢复计划等方面，可以采取以下具体做法。

1. 数据分级分类

（1）明确分类标准。

参考行业标准和最佳实践，结合企业实际情况，制定适合自己的数据分类标准。例如，根据数据的敏感性、重要性以及泄露后可能带来的损失程度，将数据分为绝密、机密、秘密、内部公开等多个级别。

（2）实施分类标记。

对供应链中涉及的所有数据进行分类标记，确保每条数据都有明确的分类标签。这有助于员工在处理数据时能够快速识别其分类级别，从而采取相应的保护措施。

2. 访问限制

（1）建立访问控制机制。

根据数据分类级别，设置不同的访问权限。例如，对于绝密数据，应严格限制访问权限，仅允许特定人员访问；对于内部公开数据，则可以适当放宽访问限制。

（2）实施身份验证与多因素认证。

在访问供应链系统或数据时，要求用户进行身份验证，如输入用户名和密码。对于高敏感数据，还可以采用多因素认证方式，如结合生物识别技术、手机验证码等，以提高访问的安全性。

3. 与供应链伙伴合作

（1）签订数据安全协议。

在与供应链伙伴合作时，应签订数据安全协议，明确双方在数据保护方面的责任和义务。这有助于确保供应链伙伴在处理数据时能够遵循相同的安全标准。

（2）共享安全最佳实践。

与供应链伙伴定期交流安全最佳实践和经验教训，以提升整个供应链的数据安全水平。例如，可以定期组织安全培训或研讨会，分享最新的安全技术和防御策略。

（3）协作应对安全事件。

在发生数据安全事件时，与供应链伙伴保持密切沟通，共同协作应对。例如，可以共享威胁情报信息，协助对方进行安全漏洞排查和修复工作。

**4. 应急响应与灾难恢复计划**

（1）制订应急响应计划。

针对可能发生的数据安全事件（如数据泄露、黑客攻击等），制订详细的应急响应计划。计划应明确事件报告流程、处理步骤、责任分配以及所需的资源和技术支持。

（2）定期演练与评估。

定期组织应急响应演练，检验计划的可行性和有效性。演练结束后，对演练过程进行评估和总结，针对发现的问题和不足进行改进和完善。

（3）制订灾难恢复计划。

制订灾难恢复计划，明确在发生重大数据安全事故导致业务中断时，如何迅速恢复业务运营和数据。计划应包括数据备份与恢复策略、关键业务连续性计划以及应急通信方案等。

通过以上措施的实施，供应链部门可以有效提升数据安全管理水平，确保供应链沟通中的信息得到充分保护,即便发生重大数据安全事故,企业也能迅速恢复业务运营和数据。

### 9.3.3 跨境传输,既要合规又要安全

隐私保护与跨境数据传输限制,是出海企业跨境数据传输面临的两大核心挑战。在供应链管理中,信息共享被视为提升效率的关键,但众多国家对隐私保护的重视以及跨境数据传输的限制,增加了企业操作的复杂度。因此,出海企业需积极探索并创新信息共享的机制与技术手段,以应对这些挑战。

以下四种策略,旨在帮助企业解决出海过程中供应链信息共享的难题,特别是隐私保护与跨境数据传输限制这两大方面。

#### 1. 建立本地化数据中心

解决跨境数据传输限制。在目标市场设立本地化数据中心,使企业能够在当地直接存储和处理数据,从而规避跨境传输敏感信息的需求。这一做法不仅避免了可能的法律合规问题,还降低了数据泄露的风险。

增强隐私保护。本地化数据中心需遵循当地的数据保护和隐私保护法规,确保数据的存储和处理过程合法合规。同时,通过实施数据最小化原则,即仅收集和处理业务所需的最小量数据,进一步降低隐私泄露的风险。

#### 2. 构建合规的信息共享机制

解决跨境数据传输限制。与合作伙伴共同制定合规的信息共享机制,明确信息共享的范围、方式和责任。通过签订信息共享协议,确保信息共享活动在法律允许的框架内进行,避免因信息不对称或沟通不畅引发

跨境数据传输合规问题。

增强隐私保护。合规的信息共享机制应包含数据脱敏、加密传输等安全措施，以保障数据在共享过程中的隐私性和安全性。同时，明确的责任划分促使各方在信息共享过程中保持高度警惕，及时发现并处理潜在的隐私泄露风险。

### 3. 利用区块链技术

解决跨境数据传输限制。区块链技术以其去中心化、不可篡改等特点，实现了供应链各环节之间的信息实时共享和验证，无须担忧跨境数据传输的限制。通过智能合约等区块链技术，企业可以自动化执行跨境交易和数据传输，提高效率和准确性，同时降低跨境数据传输的合规风险。

增强隐私保护。区块链技术采用加密算法和分布式存储等方式，确保数据在传输和存储过程中的隐私性和安全性。其透明性特点还有助于各方监督数据的使用情况，防止数据被滥用或泄露。

### 4. 与第三方数据服务提供商合作

解决跨境数据传输限制。第三方数据服务提供商拥有丰富的跨境数据传输经验和资源，能够帮助企业合法合规地进行跨境数据传输。它们提供专业的跨境数据传输解决方案，包括数据加密、合规性审查等，以降低跨境数据传输的合规风险。

增强隐私保护。这些服务提供商通常遵循严格的数据保护和隐私保护法规，确保数据在收集、处理和传输过程中的隐私性和安全性。它们还提供数据脱敏、匿名化处理等服务，进一步降低隐私泄露的风险。

通过综合运用上述四种策略，企业可以在确保合规的前提下，实现供应链信息的有效共享，提高信息的获取和共享效率，为企业的全球化发展奠定坚实的基础。

## 9.4 如何借助数字化助力出海成功

利用数字化，还可以推动供应链升级，具体怎么做，要根据企业出海战略和供应链特点，制定数字化转型的战略目标和实施路径。供应链升级，不仅是效率的提升，更重要的是促进商业运营模式的转变。

### 9.4.1 大公司也能高效灵活

大公司往往因其规模庞大、组织架构繁杂以及流程冗长等特点，在出海过程中，让供应链效率面临严峻挑战。作为供应链管理者，必须思考如何借助数字化手段提升供应链效率。

**案例研究**

数字赋能，大象起舞

截至 2023 年底，中国三峡集团业务遍及亚洲、欧洲、美洲和非洲共 16 个国家和地区，全球总装机容量超 1900 万千瓦，且清洁能源占比达 99% 以上，规模宏大。在供应链出海时，面对效率难题，中国三峡集团巧用以下四种数字化手段破局，实现高效灵活运营。

1. 需求预测与计划协同

精准需求感知。运用大数据分析全球项目的多维度数据，例如对于海外水电站项目，分析其用电峰谷、季节发电影响等，精准预测对物资设备的需求及时间节点，避免库存积压或短缺，保障供应链有序运转。

协同计划制定。借数字化平台整合各方，项目团队实时传递需求计划，采购部门据此匹配供应商，物流团队规划路线，各方依实时数据进行动态调整，让供应链计划更具前瞻性，从而使供应周期大幅缩短，效率显著提升。

**2. 智能仓储与物流优化**

智能仓储管理。在全球仓储中心部署物联网设备，实时监测库存，掌握物资入库、位置、余量等信息。智能化系统依需求预测提示补货、调货，优化布局，提升出入库效率，降低时间成本。

物流路线优化。利用地理信息系统（GIS）、智能算法等，综合交通、天气、海关政策等因素，规划最优物流路线。例如运输风机设备时权衡多种运输方式，选择经济高效路线，全程实时跟踪，如遇突发情况可进行动态调整，从而降低成本且保持高效运输。

**3. 数字化供应商协同管理**

供应商全生命周期管理。构建数字化评估体系，全面动态评估供应商各方面表现，依档案筛选优质供应商进行合作，还助其接入集团信息提前备货，提升供应及时性与协同匹配度，并督促问题供应商改进或将其淘汰。

实时沟通与协作。借助即时通信等数字化工具，打破与供应商的时空限制，进行实时沟通。如遇临时需求或生产问题能迅速响应、协商解决，减少供应延误，增强供应链灵活性与响应速度。

**4. 数字化质量管控与追溯**

质量标准数字化嵌入。将质量标准和检验要求嵌入采购、验收环节，供应商下单时需明确规范，验收时借助智能设备和流程准确判断产品合格与否，避免不合格品流入，保障供应链稳定运行。

全链条追溯体系。运用区块链技术，为每一批次的物资精心建立起从原材料采购、生产加工、运输仓储直至最终交付使用的全链条追溯档案，出现质量问题可精准定位源头并及时解决，还能分析规律，优化后续采购和质量管理策略，提升供应链整体质量。

中国三峡集团通过这些数字化举措，有效打破了大公司供应链易僵化的困局，让全球供应链变得高效灵活，更好适应全球市场变化，快速发展，为其他大公司出海提供了良好的借鉴范例。

### 9.4.2 小公司也能做大生意

小公司通常实力有限，但同样可以利用数字化手段去做全世界的大生意。以下是一些建议。

#### 1. 利用数字化营销工具拓展市场

小公司可以通过利用数字化营销工具，如社交媒体、搜索引擎优化（SEO）、内容营销等，来扩大品牌知名度和市场影响力。这些工具通常具有成本低、覆盖面广、交互性强等特点，非常适合小公司使用。例如，小公司可以通过在社交媒体上发布有趣、有用的内容来吸引潜在客户，或者通过 SEO 提高公司网站在搜索引擎中的排名，从而吸引更多的流量和潜在客户。

#### 2. 利用电商平台进行跨境销售

电商平台如亚马逊、eBay、速卖通等，为小公司提供了跨境销售的便捷渠道。小公司可以在这些平台上开设店铺，展示和销售自己的产品。这些平台通常具有完善的支付、物流、客服等体系，可以帮助小公司降低跨境销售的门槛和风险。同时，小公司还可以通过参加平台的促销活动、利用平台的广告资源等方式，提高产品的曝光度和销售量。

### 3. 利用数字化工具优化供应链管理

小公司可以通过利用数字化工具，如 ERP 系统、SCM 系统等，来优化供应链管理，提高供应链的效率和响应速度。这些工具可以帮助小公司更好地掌握库存情况、跟踪订单状态、优化采购计划等，从而降低库存成本，提高订单满足率，缩短交货周期。同时，小公司还可以通过与供应商建立数字化连接，实现供应链信息的实时共享和协同，进一步提高供应链的效率和竞争力。

### 4. 利用数据分析提升决策水平

小公司可以通过收集和分析市场数据、客户数据、运营数据等，来更好地了解市场需求、客户行为和企业运营情况，从而为决策提供更加准确和有力的支持。例如，小公司可以通过分析销售数据来发现畅销产品和滞销产品，从而调整产品结构和销售策略；或者通过分析客户数据来了解客户偏好和购买行为，从而提供更加个性化的产品和服务。

### 5. 利用云计算降低 IT 成本

云计算为小公司提供了低成本、高效率的 IT 解决方案。小公司可以通过使用云计算服务来托管企业的应用程序、数据存储、安全备份等，从而降低 IT 成本、提高系统的稳定性和安全性。同时，云计算还具有可扩展性和灵活性等特点，可以根据企业的实际需求进行动态调整和优化。

可见，小公司完全可以通过利用数字化营销工具、电商平台、数字化供应链管理工具、数据分析和云计算等手段，来拓展市场、优化运营和降低成本，从而实现与全世界做大生意的目标。

### 9.4.3 破解七大出海难题

由于跨地域、跨语言、跨文化、跨时空的壁垒，供应链出海面临供应商评估难、员工培训难、物流库存管理难、设备维护难、供应链规划难、产品质量追溯难以及成员信任建立难这七大难题。数字化时代，企业要善于利用数字化手段化解这些难题，以下为你剖析这七大难题及对应的数字化解决方案。

1. 供应商评估难

海外供应商分布全球，实地考察成本高昂且效果受限。例如评估欧洲供应商，差旅费与时间成本极高，而且难以全面了解生产工艺、质量管控等细节。借助VR（虚拟现实）技术，供应商构建虚拟工厂；采购方人员通过VR设备远程沉浸式体验，可清晰查看设备运行、工人操作等，高效评估供应商实力。

2. 员工培训难

不同国家法规政策、文化背景与业务流程差异巨大，传统培训方式难以让员工有效掌握。以东南亚物流配送流程为例，员工仅依靠文字或视频资料，很难深入理解。运用VR技术搭建模拟场景，员工能以第一视角参与操作，极大提升培训效果与效率。

3. 物流库存管理难

在海外仓库管理与跨国物流中，会出现货物查找与盘点困难、信息获取不及时的情况。在大型海外仓库中，人工查找货物耗时费力，且盘点极易出错。利用AR（增强现实）技术，工作人员通过扫描货物或货架，就能实时获取货物名称、数量、存放位置等详细信息，配送时AR导航可引导工作人员快速分拣，大幅提升作业效率。

### 4. 设备维护难

当海外设备出现故障时，跨国的距离、时差和语言障碍会导致专家难以及时进行现场指导。比如南美洲设备突发故障，国内专家难以迅速抵达。借助 AR 技术，现场人员可以将故障画面、运行参数远程实时传输给国内专家，专家通过 AR 进行标注、指导，实现高效的远程协作维修。

### 5. 供应链规划难

供应链出海涉及多国生产基地、物流枢纽和销售市场，布局复杂，传统方法难以评估其合理性与潜在风险。比如，规划欧洲地区供应链时，需考虑税收政策、贸易壁垒等诸多因素，传统方法难以全面准确评估。企业可以利用数字孪生技术构建模型，模拟市场、政策变化的影响，优化供应链布局，提升抗风险能力。

### 6. 产品质量追溯难

产品会在跨国生产、运输、销售等众多环节中流转，一旦出现质量问题，追溯难度极大，例如亚洲生产运往北美的电子产品。数字孪生技术为每个产品创建全流程信息孪生体，传感器实时采集数据，当出现质量问题时，可快速定位出现问题的环节与原因。

### 7. 成员信任建立难

供应链出海成员因地域、文化差异，彼此信任度较低，例如国内制造商与非洲供应商合作时会心存疑虑。区块链技术凭借不可篡改、可追溯特性，将订单、交付等交易信息加密存储在链上，成员可随时查看。同时，智能合约自动执行预设条款，减少违约风险，增强成员间信任。

▶▶▶ **实战指南**

针对"智慧制造"企业出海后在信息传递质量、共享及有效传输等方面的问题,可从数字化和跨部门协同两方面着手解决。

数字化解决方案如下。

(1)统一信息平台:搭建全球统一的数字化信息平台,集成销售、生产、采购等部门信息,实现实时共享与更新。利用数据可视化技术,将复杂数据以图表、图像形式呈现,便于各部门理解分析。

(2)强化质量控制:制定明确的信息传递标准与规范,保证信息准确、完整、一致。在传递中进行多渠道验证,确保信息真实可靠。建立反馈机制,鼓励员工反馈评价信息质量,及时纠错,切实保证信息"全、真、精、新"。

(3)构建供应链控制塔:借助供应链控制塔实时监控供应商、生产、物流、销售等各环节,保障信息及时传递与共享。整合各环节数据,运用大数据和人工智能分析预测,提前察觉潜在问题并及时处理,还能发出风险预警,助力企业应对供应链中断等风险。

此外,供应链出海准备及初期阶段,不可完全依赖数字化,也不能照搬国内数字化手段,需建立以下跨部门协同机制。

(1)定期会议:定期召开跨部门会议,分享工作进展、问题与解决方案,增进部门间沟通协作。

(2)项目制管理:对重要项目采用项目制,明确各部门职责分工,促进信息有效传递与共享。

(3)绩效考核:把信息共享与协同工作纳入绩效考核,激励员工积极参与。

APPENDIX
附 录

# 实践探索：常用工具模板，绘制出海蓝图

作为总经理或供应链总监，在企业即将扬帆出海、踏上构建海外供应链网络的征途之际，我凭借多年实战经验与咨询服务中的宝贵心得，精心打造了一套实用的工具模板。这套模板将成为你构建出海供应链网络或制定出海供应链规划时不可或缺的指南，助力你的企业顺利启航，驶向成功的彼岸。

## 1. ESG 供应链全球治理框架

随着企业供应链的全球化布局，如何有效管理与治理全球供应链成了一项新的挑战。ESG 供应链全球治理框架为你提供了全球供应链治理的基本原则、组织架构、流程规范等核心要素，助你构建高效协同、风险可控的全球供应链管理体系，确保供应链在全球范围内畅通无阻地运行。

企业出海构建 ESG（环境、社会和公司治理）供应链全球治理框架可以从以下几个方面入手。

### 明确 ESG 的目标与原则

（1）确定 ESG 目标。

环境目标：减少供应链中的碳排放、资源消耗和废弃物产生，推动可持续生产和消费。

社会目标：保障供应链中员工的权益，促进当地社区发展，遵守国际劳工标准和人权保障的法律法规。

公司治理目标：建立透明、合规、负责任的供应链治理体系，提高企业的声誉和竞争力。

（2）制定 ESG 原则。

可持续发展：将 ESG 理念贯穿于供应链的各个环节，实现经济、环境和社会的可持续发展。

合作共赢：与供应商、客户、政府和社会组织等各方合作，共同推动 ESG 供应链的建设。

责任担当：企业作为供应链的核心主体，应承担起 ESG 责任，积极引导和推动供应链的可持续发展。

持续改进：不断优化 ESG 供应链治理体系，提高 ESG 绩效和管理水平。

### 建立 ESG 治理结构

（1）设立 ESG 委员会。

ESG 委员会由企业高层领导、各职能部门负责人和外部专家组成，负责制定 ESG 战略和政策，监督 ESG 绩效，协调解决重大 ESG 问题。

ESG 委员会定期召开会议，评估 ESG 进展情况，制定改进措施，确保 ESG 目标的实现。

（2）明确各部门职责。

采购部门：在供应商选择和评估过程中，纳入 ESG 标准，推动供应商的可持续发展。

生产部门：优化生产流程，减少能源消耗和废弃物产生，提高资源利用率。

物流部门：规划绿色物流方案，降低运输过程中的碳排放和环境影响。

销售部门：向客户传递企业的 ESG 理念和价值，推动可持续消费。

人力资源部门：保障员工权益，加强员工培训和发展，提高员工的 ESG 意识。

财务部门：监控 ESG 成本和效益，为 ESG 投资提供决策支持。

（3）建立合作伙伴关系。

与供应商、客户、政府和社会组织等建立 ESG 合作伙伴关系，共同推动供应链的可持续发展。

与供应商签订 ESG 合作协议，明确双方的 ESG 责任和目标，共同开展 ESG 项目和活动。

参与行业协会和社会组织的 ESG 倡议和活动，分享经验和最佳实践，提高行业的 ESG 水平。

**加强 ESG 风险管理**

（1）风险识别与评估。

对供应链中的 ESG 风险进行全面识别，包括环境风险（如气候变化、资源短缺、污染等）、社会风险（如劳工问题、社区冲突等）和公司治理风险（如腐败、合规问题、信息披露不充分等）。

采用定性和定量相结合的方法，对 ESG 风险进行评估，确定风险的发生概率和影响程度。

根据风险评估结果，制定ESG风险优先级清单，为风险管理决策提供依据。

（2）风险应对策略。

风险规避：对于风险程度高且无法承受的ESG风险，采取避免或退出的策略。

风险降低：对于可承受的ESG风险，采取措施降低风险的发生概率和影响程度。例如，优化供应商布局、加强环境管理、改善劳工条件等。

风险转移：对于无法降低的ESG风险，通过购买保险、签订合同等方式将风险转移给第三方。

风险接受：对于风险程度低且可承受的ESG风险，采取接受的策略，同时制订应急预案，以便在风险发生时能够及时应对。

（3）风险监控与预警。

建立ESG风险监控体系：实时监测供应链中的ESG风险因素，及时发现风险隐患。

制定ESG风险预警指标和预警机制：当风险指标超过预警值时，及时发出预警信号，启动应急预案。

定期对ESG风险管理的效果进行评估和反馈，不断优化ESG风险管理的策略和措施。

**推动ESG绩效评估与编制报告**

（1）建立ESG绩效评估体系。

制定涵盖环境、社会和公司治理三个维度的ESG绩效评估指标，如碳排放强度、能源利用率、员工满意度、社区贡献度、合规性等。

确定指标的计算方法和数据收集渠道，确保指标的可衡量性和可靠性。

（2）开展 ESG 绩效评估。

定期对供应链的 ESG 绩效进行评估，比较实际绩效与目标绩效的差距，分析原因，制定改进措施。

邀请第三方机构对企业的 ESG 绩效进行独立评估和认证，提高评估的客观性和公信力。

（3）发布 ESG 报告。

按照国际标准和规范，编制企业的 ESG 报告，向利益相关者披露企业 ESG 的政策、目标、绩效和管理措施。

ESG 报告应内容真实、准确、完整，具有可读性和可比性，便于利益相关者了解企业的 ESG 表现。

通过以上措施，企业可以构建起有效的 ESG 供应链全球治理框架，提高供应链的可持续性和竞争力，为企业的可持续发展奠定坚实基础。

## 2.国家手册模板

供应链出海到某个国家，可以把这个国家的有关情况进行整理，制作一个国家手册。这个手册不仅可以作为规划供应链时的参考，还可以作为培训教材，定期对新员工进行培训和更新，确保大家都能了解不同国家的最新动态和变化。

国家手册模板如下。

（1）封面与目录。

- 封面：包含手册名称（如××国家手册）、编制单位、编制日期等基本信息。
- 目录：详细列出手册的章节和页码，方便查阅。

（2）国家概况。

- 地理位置与气候：介绍国家的地理位置、面积、人口、主要城市、气候特点等。
- 历史与文化：简述国家的历史沿革、文化特色、重要节日和习俗等。
- 政治与经济：概述国家的政治体制、经济发展状况、主要产业和贸易伙伴等。

（3）法律法规。

- 商业法规：介绍与商业活动相关的法律法规，如合同法、税法、公司法等。
- 劳动法规：阐述国家的劳动法规，包括劳动合同、工资福利、工作时间、劳动保护等方面的规定。
- 知识产权法规：介绍国家的知识产权保护制度，包括专利、商标、版权等方面的法律法规。

（4）商业环境。

- 市场概况：分析国家市场的规模、增长趋势、主要消费群体等。
- 竞争态势：评估市场的竞争程度、主要竞争对手及其市场份额等。
- 行业机会：探讨国家市场的行业机会、潜在增长点及投资前景等。

（5）商业习惯与谈判风格。

- 商业礼仪：介绍在商务交往中应遵守的礼仪规范，如商务着装、名片交换、宴请礼仪等。
- 谈判风格：分析国家商人的谈判风格、偏好及应对策略等。
- 决策流程：概述国家企业和政府的决策流程、决策层级及决策时间等。

（6）文化特色与沟通技巧。

- 文化特色：深入介绍国家的文化传统、价值观念、信仰习俗等。
- 沟通技巧：提供针对不同文化背景的沟通技巧和建议，包括如何表达尊重、如何避免误解等。
- 语言与翻译：介绍国家的官方语言、常用外语及翻译服务资源等。

（7）附录。

- 常用联系方式：提供国家政府部门、商会、行业协会等机构的联系方式。
- 参考资料：列出手册编制过程中参考的主要资料和数据来源。
- 免责声明：明确手册的使用范围、限制条件及免责条款等。

这个框架可以根据实际需要进行调整和补充，以确保手册内容的全面性和实用性。在编制过程中，应注重数据的准确性和时效性，确保手册能够为读者提供有价值的参考信息。

请注意，以上内容仅为简化的实例参考，实际编制国家手册时应根据具体需求进行详细展开和补充。同时，由于数据和情况可能随时间发生变化，建议在编制过程中参考最新的权威来源信息。

## 3. 出海热门国家文化禁忌

不同国家和地区因其独特的文化、宗教及社会习俗，存在一些禁忌与行为规范。对于出海企业而言，了解并尊重这些禁忌，避免触犯当地的文化红线，是确保业务顺利开展、赢得市场尊重的关键。这里我列举了部分出海热门国家的禁忌行为，帮助企业在出海过程中更加游刃有余，避免不必要的文化冲突与误解。

部分国家文化禁忌如下。

（1）印度文化禁忌。

- 不要用左手递东西或吃饭：在印度，左手被认为是不洁净的，通常用于处理不洁之物。
- 避免触摸他人头部：头部被视为神圣的部位，触摸他人头部被视为不敬。
- 不要在未经允许的情况下拍摄他人：尤其是女性和宗教场所，这被视为侵犯隐私和不尊重。
- 对牛要保持敬重：牛在印度被视为神圣的动物，伤害或侮辱牛会被视为不敬。

（2）日本文化禁忌。

- 不要用筷子指人或插在食物上：这被视为不吉利的行为。
- 进入他人住宅或传统场所时要脱鞋：这是为了保持室内清洁，也是尊重主人的表现。
- 避免在公共场合大声喧哗或打电话：日本人注重公共秩序，大声喧哗会打扰到他人。
- 不要送数字为"4"和"9"的礼物：因为这两个数字在日语中的发音与"死"和"苦"相近，所以被认为不吉利。

（3）韩国文化禁忌。

- 不要用红色墨水写人名：用红色墨水写人名被认为是不吉利的。
- 长辈在场时，晚辈不能抽烟、喝酒或先行离席：这是为了表示对长辈的尊重。
- 避免在正式场合穿过于暴露或随意的服装：韩国人注重礼仪，正式场合需要穿着得体。
- 不要用手指指人：要用手掌示意，用手指指人被视为不礼貌。

（4）泰国文化禁忌。

- 不要触摸他人头部：尤其是小孩的头部，泰国人认为头部是神圣不可侵犯的。
- 进入寺庙要穿着得体：不能穿短裙、短裤或袒胸露背的衣服，以示尊重。
- 在公共场合避免过于亲昵的行为：泰国人注重公共道德，过于亲昵的行为会被视为不雅。
- 不要用脚指人或物品：脚在泰国被视为不洁净的，用脚指人或物品是不尊重的行为。

（5）新加坡文化禁忌。
- 不要在公共场合嚼口香糖：这是为了保持公共卫生和环境整洁。
- 不要在地铁等公共交通工具上饮食：这是为了保持车厢清洁和乘客的舒适。
- 避免在未经允许的情况下拍摄他人：尊重他人隐私，避免引起不必要的纠纷。

（6）德国文化禁忌。
- 不要提前祝别人生日快乐：德国人认为这可能会带来不幸，通常只在生日当天庆祝。
- 送花时不要送菊花、玫瑰和蔷薇：这些花在德国有特定的含义，可能引发误解。
- 不要用手做"OK"的手势：这个手势在德国有不同的含义，可能会被误解为不礼貌或侮辱。

（7）法国文化禁忌。
- 不要在公共场合用牙签剔牙：这被视为不雅的行为，影响公共形象。
- 送花时不要送黄色的花：黄色在法国被视为不忠诚的象征，可能会引起误会。

- 避免在正式场合穿着过于随意的服装：法国人注重时尚和礼仪，正式场合需要着装得体。
- 不要在餐桌上谈论金钱、工作等严肃话题：法国人享受用餐时光，喜欢聊轻松愉快的话题。

（8）美国文化禁忌。

- 避免询问他人的年龄、收入、婚姻状况等私人问题：美国人注重个人隐私，不喜欢被问及敏感问题。
- 不要用手指指人：要用手掌示意，用手指指人被视为不礼貌。
- 不要送带有公司标志的礼物：这可能被视为商业贿赂，不恰当。

（9）澳大利亚文化禁忌。

- 避免在未经允许的情况下拍摄他人：尊重他人隐私，避免侵犯个人权利。
- 不要手背朝外做"V"字手势：这个手势在澳大利亚被视为不礼貌或侮辱。
- 不要在海滩上裸体晒太阳：在一些地区，这一行为是不合法的，也是不尊重他人的行为。

（10）巴西文化禁忌。

- 不要用手做"OK"的手势：这个手势在巴西有"一文不值"的意思，可能会引起误会。
- 在公共场合避免过于亲昵的行为：巴西人注重公共道德和礼仪，过于亲昵的行为会被视为不雅。
- 不要送紫色的花：紫色在巴西被视为悲伤的颜色，不适合将紫色的物品作为礼物。
- 不要在商务场合迟到：虽然巴西人时间观念相对宽松，但在正式场合还是要尽量准时，以示尊重。

（11）俄罗斯文化禁忌。

- 不要送黄色的花，黄色在俄罗斯通常被视为背叛的象征。
- 送礼物的数量避免是"13"，这个数字在俄罗斯被认为是不吉利的。
- 不要送刀、剪刀等尖锐物品作为礼物，因为这可能意味着断绝关系。
- 进入俄罗斯人的家里时要脱鞋，这是一种尊重和礼貌的表现。
- 无特殊原因，不要在室内戴帽子。
- 在与长辈或上级相处时，要表现出尊重，不要直呼其名，而要使用尊称。
- 对俄罗斯的历史和文化要保持敬重，避免发表不恰当的评论或批评。

## 4. 清真认证：通往伊斯兰市场的钥匙

全球有超过18亿穆斯林，形成了庞大的伊斯兰市场。获得清真认证，就等于拿到进入全球伊斯兰市场的"通行证"。不少国家和地区将其设为市场准入门槛，企业获得该认证后，能提升产品竞争力，开拓更广阔的国际市场。

（1）清真认证是什么？

清真认证，国际上称 Halal 认证，是指依据伊斯兰教规定，对食品、药品、化妆品及其生产、加工、储运等环节开展严格评估，达标后授予的认证。在伊斯兰教中，"清真"意味着"合法、合规"。

认证范围：食品领域应严格把控食材选择、加工工艺与添加剂的使用，杜绝伊斯兰教禁忌成分。药品和化妆品行业应着重审查原料来源和生产过程，确保不含禁用物质，生产过程符合清真要求。

认证流程：企业提交申请，要附上产品信息、生产工艺等资料。认证机构审核资料后，实地考察生产场所，判断是否符合清真标准。审核通过后颁发证书，并定期监督检查，保证企业持续合规。

（2）哪些国家需要清真认证？

印度尼西亚：自2026年10月17日起，出口至该国的化妆品和护肤品，必须取得清真认证。

马来西亚：拥有成熟完善的清真认证体系，出口到该国的产品，大多需要获得此认证。

中东地区及穆斯林居多的国家：因穆斯林人口占比大，清真产品需求旺盛，出口到这些国家和地区的产品，往往也需要具备清真认证。

（3）审核标准有哪些？

食品安全基本要求：产品必须符合进口国家和地区的食品安全标准，涵盖致病性微生物、各类残留、重金属等有害物质的限量规定。食品添加剂的品种、使用范围和用量要合规，且须详细列出。专供婴幼儿的主辅食品，营养成分须特别关注。要严格恪守清真饮食规范，产品严禁含伊斯兰教禁忌成分。

生产过程要求：生产、加工、储存、运输等环节，必须遵循清真食品管理规定，防止"清真性"受污染。食品生产经营者要配备专业人员，并定期培训考核。生产经营过程要符合卫生要求，包括场所、设备、人员卫生等。

包装和标签要求：包装材料须符合清真要求，不得含禁忌成分。产品包装和标签要清晰展示清真认证标志，防止误导消费者。

企业资质要求：申请认证的企业须持有当地工商营业执照、食品生产许可证及相关清真证书。企业名称、商标不能有伊斯兰教禁忌内容。企业负责人、主要管理人员以及采购、保管和主要制作人员中应有穆斯林。

审核流程：分为文件审核与现场审核。文件审核须提供营业执照、生产许可证等常见资料。现场审核则由审核人员实地考察生产设备、仓库设施、检验设备及条件等，以此确保产品各环节符合清真标准，满足穆斯林消费者的需求。

## 5. 反恐认证：国际贸易安全的关键防线

在国际贸易安全体系里，反恐认证举足轻重，彰显企业对供应链安全管理的重视与担当。获此认证，企业能增强风险防范能力，保障产品在全球供应链中安全流通，推动国际贸易稳健前行。

（1）反恐认证究竟是什么？

反恐认证（C-TPAT）是"9·11"事件后，由美国国土安全部海关及边境保卫局（CBP）倡导设立的自愿性计划，旨在强化全球供应链的安全管控，全力杜绝恐怖分子在货物运输环节渗透。该认证要求企业具备切实有效的反恐怖主义管理举措与安全程序，并通过第三方机构认证，以此表明企业在安全防范及应对恐怖袭击方面达到国际认可的标准。

（2）出海哪些国家需要考虑反恐认证？

核心适用国家：当下，反恐认证主要针对与美国存在贸易往来的国家和地区。鉴于C-TPAT认证由美国发起，出口至美国的企业通常需要进行此项认证。

其他潜在需求国家：虽说其他国家对C-TPAT认证无强制要求，但部分国家可能参照美国做法，或基于自身安全考量，要求企业达到类似的安全管理标准。所以，出海至其他国家的企业，也需要依据当地法律法规或客户需求，斟酌是否进行反恐认证或类似安全管理认证。

（3）反恐认证的严苛标准与要求。

企业合规基石：申请企业必须合法合规存续，符合 C-TPAT 等反恐认证要求，并在其管辖范畴内开展贸易活动。

安全政策与责任：制定并切实执行安全政策，明确管理层在供应链和物流安全方面的责任。

自查自纠机制：定期自查并编写报告，及时发现并修补供应链潜藏的安全漏洞。

多元安全措施：制定并落实特定安全控制手段，涵盖物流访问、安排、人员招聘、信息技术系统等方面的安全防护。

货物运输保障：构建严格的货物运输安全举措，对货物运输中的接收、装载、卸载和交接环节实施安全管理，同时要求供应链合作伙伴同步采取安全措施。

培训提升意识：组织员工培训，确保员工熟知安全要求与措施，积极投身供应链安全工作。

记录留存备份：记录并妥善保存与安全相关的文件，以备 CBP 审核评估。

（4）出口美国哪些企业需要重点关注反恐认证？

大型零售供应商：与美国沃尔玛、迪士尼等大型零售商合作的企业，常被要求符合 C-TPAT 等反恐认证标准。

敏感高风险行业：涉及化学品、危险品、军用物资、电子产品与通信设备等敏感货物或高风险行业的出口企业，因其货物安全风险高，更易被要求进行反恐认证。

追求通关便利企业：通过反恐认证的企业能获美国海关信任，可享受快速通关、降低查验率等优惠，对提升出口效率、降低运营成本意义重大。

需留意，并非所有出口美国的企业都强制要求进行反恐认证，但认证有助于企业提升供应链安全性、增强客户信任、享受通关便利、提升出口竞争力。企业具体是否需要，取决于出口产品、客户要求及 CBP 最新政策。建议企业出海前详尽了解相关要求，并咨询专业人士意见。

## 6. 供应链网络调查模板

供应链网络调查模板将带你全面而深入地探索目标市场的供应链环境，从供应商分布、物流设施到市场需求、政策法规，无一不包。它将为你后续的供应链网络的科学设计与优化提供坚实的数据支撑和决策依据。以下模板供参考。

### 泰国供应链网络调查报告（基于 STEEPLED 模型）

#### 引言

本报告借助 STEEPLED 模型对泰国供应链网络展开深度剖析，旨在为中国企业出海泰国构建供应链体系提供全面且具针对性的指引，助力企业精准决策，有效整合资源，成功拓展泰国市场。

#### 泰国供应链网络基本情况

（1）Social（社会）。

文化习俗：调查泰国当地的文化习俗、宗教信仰及节假日安排，评估对供应链运营可能产生的影响。

劳动力状况：了解泰国的劳动力资源、教育水平、工资成本及劳动法规，评估劳动力市场的供需状况。

消费者行为：研究泰国消费者的购买习惯、偏好及支付方式，为产品定位和市场策略提供依据。

（2）Technological（技术）。

技术水平：评估泰国相关产业的技术水平、研发能力及创新环境，包括自动化、数字化及智能化程度。

基础设施：考察泰国的交通网络、物流设施、通信网络及能源供应等基础设施状况，评估对供应链效率的影响。

信息技术：了解泰国的信息技术发展状况，包括电子商务、云计算、大数据等技术的应用情况。

（3）Economic（经济）。

宏观经济环境：分析泰国的经济增长、通货膨胀、汇率波动等宏观经济指标，评估经济环境对供应链的稳定性和成本的影响。

产业政策：研究泰国政府的相关产业政策、税收优惠及投资政策，评估对供应链布局的吸引力。

市场潜力：评估泰国市场的规模、增长潜力及竞争格局，为市场进入策略提供依据。

（4）Environmental（环境）。

自然环境：考察泰国的地理位置、气候条件及自然灾害风险，评估对供应链安全的影响。

环保法规：了解泰国的环保法规、排放标准及绿色政策，评估对供应链环保合规的要求。

资源供应：评估泰国当地原材料、能源及水资源的供应状况，以及对供应链可持续性的影响。

（5）Political（政治）。

政治稳定性：分析泰国的政治局势、政府更迭频率及政策连续性，评估政治风险对供应链的影响。

贸易政策：研究泰国的贸易政策、关税制度及自由贸易协定，评估对供应链成本及市场准入的影响。

外交关系：了解泰国与中国的外交关系、经贸合作及地缘政治风险，评估对供应链国际合作的影响。

（6）Legal（法律）。

法律法规：梳理泰国的商业法律体系，包括公司法、合同法、知识产权法、劳动法及环保法等，评估对供应链合规运营的要求。

法律执行：了解泰国法律执行的效率、司法程序及争议解决机制，评估对供应链纠纷处理的影响。

合规风险：评估泰国在反腐败、反洗钱及国际贸易合规等方面的要求，制定相应的合规策略。

（7）Ethical（道德）。

商业道德：了解泰国的商业道德观念、诚信原则及企业社会责任，评估对供应链伦理管理的影响。

供应商管理：制定供应商道德准则，确保供应商遵守商业道德、劳工权益及环保标准。

消费者保护：关注泰国消费者保护法规，确保产品安全、质量及售后服务符合当地要求。

（8）Demographic（人口）。

人口结构：分析泰国的人口年龄、性别比例、教育水平及职业分布，评估对劳动力供应及市场需求的影响。

人口增长：评估泰国的人口增长趋势、城市化进程及人口迁移模式，为供应链布局提供人口动态依据。

消费能力：研究泰国居民的收入水平、消费支出结构及购买力，为产品定位及定价策略提供依据。

**供应链网络设计／规划建议**

（1）供应商网络。

多元化供应商策略：鉴于泰国的政治和经济环境可能存在不确定性，建议采用多元化供应商策略，分散风险。同时，积极寻找并培养本地供应商，以降低物流成本并提高供应链灵活性。

供应商评估与合作关系：建立严格的供应商评估体系，包括质量、价格、交货期及合规性等方面。与优质供应商建立长期稳定的合作关系，共同提升供应链的整体竞争力。

供应商发展计划：针对泰国本地供应商制订供应商发展计划，提供其技术支持、培训及管理经验分享，帮助其提升能力和水平，从而更好地融入全球供应链体系。

（2）生产网络。

优化生产布局：根据泰国的市场需求、劳动力成本及资源优势，合理规划生产布局。可以考虑在泰国设立生产基地或加工厂，以更好地满足当地市场需求并降低生产成本。

灵活生产模式：采用灵活生产模式，如精益生产、敏捷制造等，以提高生产效率和响应市场变化的能力。同时，加强生产过程中的质量控制和成本管理，确保产品质量和成本控制。

技术创新与升级：鼓励技术创新和产业升级，引入先进的生产设备和技术，提升生产自动化和智能化水平。这不仅可以提高生产效率，还可以降低对劳动力的依赖，降低生产成本。

（3）物流网络。

多式联运：结合泰国的交通网络状况，合理利用公路、铁路、水路及航空等多种运输方式，构建多式联运的物流网络，以降低物流成本，提高物流效率，并增强供应链的韧性。

物流信息化建设：加强物流信息化建设，引入先进的物流管理系统和信息技术，如物联网、大数据、云计算等，实现物流过程的可视化、可追踪和可优化，提高物流管理的精确性和效率。

仓储与配送优化：根据市场需求和销售预测，合理规划仓储布局和配送路线。在泰国设立区域分销中心或配送中心，以缩短配送距离和时间，提高客户满意度。

（4）销售网络

市场细分与定位：深入研究泰国市场，进行市场细分和精准定位。根据不同的消费群体和市场需求，制定差异化的销售策略和产品组合。

渠道拓展与优化：积极拓展销售渠道，包括线上电商平台、线下实体店、分销商及代理商等。同时，优化销售渠道布局，提高市场覆盖率和销售效率。

品牌建设与推广：加强品牌建设和推广力度，提升品牌在泰国市场的知名度和美誉度。通过广告宣传、促销活动、社交媒体营销等方式，增强品牌与消费者之间的互动和黏性。

**结论**

泰国供应链网络在 STEEPLED 各个维度均呈现出独特的态势与挑战，中国企业在出海泰国构建供应链体系进程中，应全面、深入地剖析这些维度的特征，系统整合并运用上述针对供应商网络、生产网络、物流网络和销售网络提出的设计/规划建议，精心谋划、精准施策，从而有效应对复杂多变的市场环境，成功构建起具有竞争力与适应性的供应链网络，实现企业在泰国市场的可持续发展与战略目标。

大家可以根据自己的实际需求，进一步细化和完善这个模板。

## 7. 供应链尽职调查模板

在出海前,对潜在合作伙伴进行详尽的尽职调查是至关重要的。该模板详细列出了供应链尽职调查的关键内容与步骤,涵盖财务状况、信誉记录、生产能力、质量控制等多个方面,确保你能够筛选出最值得信赖的合作伙伴,共同构筑稳固且高效的供应链体系。

以下是一个供应链尽职调查模板,使用时可以根据具体情况进行调整和补充。

### 供应链尽职调查报告

#### 引言

简要介绍本次供应链尽职调查的背景、目的和重要性以及调查的方法和范围。

**目标企业概况**

(1)企业基本信息。

- 名称、注册地址、法定代表人、成立时间等。
- 主营业务、产品线、市场地位等。

(2)供应链整体结构。

- 供应链网络布局(包括供应商、生产商、分销商、物流商等)、关键节点和流程。
- 供应链的信息化水平及系统使用情况。

**供应商管理调查**

供应商清单及评估:列出主要供应商,评估其信誉、财务状况、生产能力等。

供应商合作稳定性:分析供应商的合作历史和稳定性,评估依赖性风险。

供应商合同条款：审查供应商合同条款，关注价格、交货期、质量标准等关键条款。

### 采购与原材料调查

采购策略及流程：描述采购策略、流程及其有效性。

原材料来源及稳定性：分析原材料的来源、价格及稳定性，评估供应风险。

采购成本控制：评估采购成本控制措施和效果。

### 生产制造调查

生产设施及产能利用率：描述生产设施状况、产能利用率及扩张计划。

生产工艺及技术水平：分析生产工艺流程、技术水平及创新能力。

生产成本控制：评估生产成本控制措施和效率。

### 物流与配送调查

物流网络及配送模式：描述物流网络布局、配送模式及效率。

物流成本控制：评估物流成本控制措施和效果。

物流合作伙伴：列出主要物流合作伙伴，评估其服务质量和稳定性。

### 销售与分销调查

销售渠道及市场覆盖率：描述销售渠道布局、市场覆盖率及销售渠道的有效性。

销售策略及定价机制：分析销售策略、定价机制及市场竞争力。

客户关系管理：评估客户关系管理系统，包括客户的分类、满意度、忠诚度等。

### 合规与风险调查

供应链合规性：检查供应链是否符合进出口法规、环保要求等。

供应链风险评估：识别并评估供应链中的潜在风险，如供应商风险、市场风险、物流风险等。

风险应对策略：针对识别出的风险提出应对策略和措施。

**财务与绩效调查**

供应链财务指标：分析供应链相关的财务指标，如成本、收入、利润等。

供应链绩效评估：评估供应链的绩效，提出改进建议。

**结论与建议**

总结本次供应链尽职调查的主要发现，提出针对性的建议和改进措施，为决策提供依据。

**附录**

附录包括调查问卷、访谈记录、数据表格、图等辅助材料。

## 8. 供应链出海五大热门国家攻略

（1）印度。

政策法规：政策复杂且各邦与中央有差异，税收、罚款政策多变。产品准入方面，众多产品须符合 BIS 强制认证。企业要密切关注政策动态，提前规划认证流程、准备资料。

商业合作：重视关系的建立，倾向熟人合作，决策层级多。商业信誉参差不齐，存在虚假订单、弃货等欺诈风险。合作前最好通过第三方介绍增强信任，合同中明确权责与高额违约赔偿等条款。

供应链管理：当地供应链配套差。企业可自带核心供应商，或扶持当地供应商，帮助其提升技术与生产能力，建立本地化库存管理系统，保障物资供应稳定。

贸易风险：政策变动频繁，经常提高关税或设置非关税壁垒，清关单证要求严格。企业要及时跟踪政策，确保清关文件准确完整。

（2）墨西哥。

政策应对：受美国政策影响极大，关税政策经常调整。企业须紧盯美墨政策走向，借助北美自由贸易协定的政策优惠，灵活调整产品价格与贸易策略。

安全保障：部分地区治安不佳，盗窃、抢劫频发。企业选址应避开高危区域，加强安保建设，为员工购买足额保险。

产业协同：汽车、电子产业供应链成熟。企业应积极融入当地市场，利用当地便利的物流条件，构建区域物流配送中心，优化供应链物流环节。

税务规划：税收体系复杂，包含联邦、州和地方税。企业须了解并遵守相关规定，合理规划税务，避免税务风险。

（3）越南。

贸易合规：投资前须详细了解本地采购要求、进口配额限制等贸易政策。电子产品等有技术认证要求，要提前准备。

供应链建设：基础设施尤其是交通和物流较落后，供应链配套不足。企业选择供应商和物流伙伴时，要考量其应对能力。联合周边国家供应商，加强对当地供应商的技术培训与扶持，打造区域协同供应链。

区域布局：凭借优越地理位置和劳动力优势，合理布局生产环节，构建辐射整个东南亚的供应链网络。

政策跟踪：政策法规稳定性差，随经济和国际形势调整。企业要密切关注，及时调整经营策略。

（4）匈牙利。

法规遵循：须同时遵守欧盟与匈牙利双重法规，尤其在电子产品、机械产品的技术标准以及环保、劳工法规方面。

市场拓展：作为欧洲交通枢纽，匈牙利文化与中国差异较大。企业要利用其交通优势建立欧洲区域供应链中心，融入当地产业配套体系，尊重当地文化习俗与商务礼仪，避免文化冲突。

关系维护：匈牙利在欧盟内的政策有独特性，与欧盟关系动态变化。企业要关注匈欧关系，利用匈牙利特殊地位拓展欧盟市场，规避政策差异导致的经营风险。

（5）尼日利亚。

风险评估：从过往历史看，该国经济波动大、货币贬值频繁。投资前企业要全面评估风险，加强与当地政府、企业合作，争取有利政策与资源支持。

产品标准：产品须符合 CCVO 认证制度及相关技术标准，环保、劳工法规也在逐步完善。企业要提前了解并做好应对准备。

供应链构建：当地制造业薄弱，基础设施差，电力供应不稳，道路拥堵。企业可能需要自备发电设备，构建相对独立的供应链体系，加强与当地物流企业合作，提高物流配送效率与稳定性。

安全防范：部分地区治安不好，存在盗窃、抢劫风险。企业要加强安全防范措施，保障员工和财产安全。

**POSTSCRIPT 后记**

# 供应链出海，点亮全球商业版图

在撰写本书的过程中，我越发深刻地认识到，供应链出海于企业而言，是从0到1的创业历程，是对长期主义的坚守，更是迈向全球化的伟大征程。

## 从0到1的创业：探索未知的征途

出海，是一场充满挑战的创业之旅。企业踏入海外市场，面对的是全新的商业环境，一切都要从零开始。寻找客户资源、洞察客户需求、重构产品、构建组织、配置人才、优化流程、搭建供应链体系、管控风险……每一步都没有现成的经验可供借鉴，充满了未知与不确定性。

然而，正是这些未知，激发着创业者和企业家的探索精神。每一次突破，都让企业离全球商业舞台更近一步。在这个过程中，企业以无畏的勇气，在全球商业的海洋中破浪前行，书写属于自己的商业传奇。

如果大家认可出海是创业，那么原有的人才配置和绩效考核是否需要改为创业模式？考虑长期激励措施还是灵活的个性化激励？因为国内的薪酬水平和激励措施不一定适合欧美发达国家，也不一定适合非洲等发展中国家。这也是我访谈过的一些公司的困惑。

## 坚持长期主义：深耕细作，铸就卓越

中国企业出海后，便成了当地的"外企"，此时切不可让自己成为格格不入的"外来者"。企业应当主动融入当地，在全球化与本土化之间找到平衡，既尊重当地文化，又保留自身价值，逐步成长为全球化企业公民。就像我们看到的很多著名跨国公司，非常注重公司文化建设与传播，这是成为全球化企业的必备特质。

进入海外市场后，企业要快速融入其中。不过，这一蜕变过程无法一步到位，需要企业坚守初心，在供应链管理方面持续发力，构建起稳健可靠的供应链体系，只有这样，才能赢得客户的深度信任。

海外市场的规模和增速与国内不同，难有翻番式增长，十分考验企业家的耐心。是先快速扩张，以大求强，还是学德国隐形冠军，追求"专精特新"，布局全球，成为细分领域领导者，这是又一个供应链出海的战略抉择。

倘若企业不追求"专精特新"，或许就难以具备服务全球市场的能力。在中国，一些企业能够做大，得益于政策机遇、庞大的市场规模以及中国市场规则，然而这并不意味着已经做强。实际上，不少企业很大，但不强，缺乏核心竞争力，只是简单地将业务堆积甚至是不相关业务的堆积，在细分领域的表现并不出色。而当这些企业出海后，会面临与国内截然不同的市场规则和市场规模，中国市场经验难以直接复制。

## 终极目标：迈向全球化，拓展商业版图

个别企业在出海浪潮中盲目跟风，未充分考虑海外市场与国内市场在市场环境、生活环境等方面存在的巨大差异，缺乏充足准备，仅着眼

于短期利益，抱着"搂草打兔子，能赚就赚，不能赚就撤"的心态，这种短视行为会对企业品牌造成极大的伤害。供应链出海的终极目标是实现全球化，从"世界工厂"到"到世界开工厂"，汇聚全球人才，打造全球供应链，服务全球市场，成为真正的全球化企业。这不仅是价值链的延伸，更是商业话语权在全球范围的提升。

无论是改革开放，还是如今的出海，都是融入世界、嵌入全球商业版图的过程。在全球化进程中，企业需要不断学习和适应不同市场的文化与规则，构建全球化的供应链网络，实现资源的优化配置和价值最大化。

在探索供应链出海的道路上，我将实践中的经验、思考与感悟凝结成书。这不仅是对过去的总结，更是对未来探索的记录。全球化浪潮汹涌，供应链重构带来了挑战，也孕育着无限机遇。只要我们怀揣梦想，以无畏的勇气和创新的思维迎接变革，就一定能让世界见证中国供应链的磅礴力量，在全球商业版图上书写属于我们的荣耀篇章。

# 如何专业做采购

### 采购专业基础与进阶

| 序号 | ISBN | 中文书名 | 定价 |
|---|---|---|---|
| 1 | 978-7-111-76367-3 | 如何专业做采购 第2版 | 89 |
| 2 | 978-7-111-65664-7 | 采购之道 | 89 |
| 3 | 978-7-111-70772-1 | 全品类间接采购管理 | 79 |
| 4 | 978-7-111-71990-8 | 采购全方位领导力 | 79 |
| 5 | 978-7-111-61388-6 | 采购2025：数字化时代的采购管理 | 69 |

### 采购四大核心能力提升

| 序号 | ISBN | 中文书名 | 定价 |
|---|---|---|---|
| 1 | 978-7-111-64200-8 | 供应商全生命周期管理 | 69 |
| 2 | 978-7-111-64176-6 | 全面采购成本控制 | 69 |
| 3 | 978-7-111-64175-9 | 采购全流程风险控制与合规 | 69 |
| 4 | 978-7-111-65621-0 | 全情景采购谈判技巧 | 69 |

### 中国好采购实践参考案例集

| 序号 | ISBN | 中文书名 | 定价 |
|---|---|---|---|
| 1 | 978-7-111-58520-6 | 中国好采购 | 49 |
| 2 | 978-7-111-64267-1 | 中国好采购2 | 79 |
| 3 | 978-7-111-69564-6 | 中国好采购3 | 79 |
| 4 | 978-7-111-74160-2 | 中国好采购4 | 89 |